Obsequiado a:

Maria Elena Carcamo

Por:

Lidis Ferrufino - Ramos

con mucho amor

Fecha:

5 | 7 | 11

Con motivo de:

Día de La Madre

Los secretos del poder espiritual
Joyce Meyer

Publicado por *Editorial Peniel*
Boedo 25
C1206AAA Buenos Aires - Argentina
Tel/Fax: (54-11) 4981-6178 / 6034
e-mail: info@peniel.com

www.editorialpeniel.com

Originally published in english under the title:
The secrets of spiritual power
by Warner Books, Inc.
1271 Avenue of the Americas
New York, NY 10020 USA.
Copyright © 2003 by Joyce Meyer

Copyright © 2005 *Editorial Peniel*

Diseño de cubierta e interior: arte@peniel.com

Las citas de las Escrituras, a menos que se indique lo contrario, son tomadas
de la versión Reina Valera 1960.

Edición Nº 1 Año 2005

Nota de traducción: En las citas bíblicas, la autora usa paréntesis o corchetes cada
vez que desea aclarar algo, explicar el término usado o cuando desea agregar un
pensamiento personal, ampliar el concepto, etc.

Impreso en Colombia
Printed in Colombia

Meyer, Joyce.
    Secreto del poder espiritual. – 1a ed. – Buenos Aires : Peniel, 2005
    Traducido por: Virginia López.
    ISBN 987-557-081-8
    1. Vida Cristiana. I. López Virginia, trad. II. Título CDD 248
    130 p. ; 13x18 cm.

LOS SECRETOS DEL PODER ESPIRITUAL

Fortaleza para las batallas de la vida

JOYCE MEYER

www.editorialpeniel.com

Índice

*Dios siempre trabaja en secreto,
detrás de escena, aunque parezca que
nada va a cambiar jamás. Para que el
cambio sea perdurable, debe venir de
adentro hacia fuera. Solo Dios puede
hacer esa clase de cambio. ¡Deja que
Dios sea Dios!*

Contempla
a tu Dios

PALABRA DE DIOS PARA TI

¿Qué, pues, diremos a esto?
Si Dios es por nosotros, ¿quién contra nosotros?
[¿quién puede ser nuestro enemigo,
si Dios está de nuestro lado?].

ROMANOS 8:31

Los que confían [se apoyan en Él y esperan con
confianza] en Jehová son como el monte de
Sion, que no se mueve, sino que permanece
para siempre. Como Jerusalén tiene montes
alrededor de ella, así Jehová está alrededor de
su pueblo desde ahora y para siempre.

SALMOS 125:1-2

Parte Uno
CONTEMPLA A TU DIOS

ios es un Dios grande; nada es imposible para Él. Nada tenemos que temer de nuestros enemigos, porque ninguno de ellos es tan grande como nuestro Dios.

Dios es por nosotros; está de nuestro lado. El diablo tiene una posición: está en contra de nosotros. Pero Dios está por encima de nosotros, por debajo de nosotros, a través de nosotros, por nosotros y alrededor de nosotros. ¿De quién, entonces, tendremos miedo?

Así que, como el monte de Sion, no temblaremos, porque Dios está alrededor de nosotros. Y si eso no fuera suficiente, guardé lo mejor para el final: Él está en nosotros, y dijo que nunca nos dejará ni nos abandonará.

La salvación es la más maravillosa bendición que recibimos de Dios, y nos ha sido dado el Ayudador, el Espíritu Santo mismo, que nos da poder para vivir como Jesús. Dios tiene bendiciones y poder espiritual en abundancia para nosotros. Él es poderoso y puede hacer lo que nosotros jamás podemos hacer solos.

Dios desea que permitamos al Espíritu Santo fluir a través de nosotros en poder, para mostrarles a las personas su amor y para ayudarlas con sus dones. Todo está centrado en Él.

---

*Dios elige las cosas débiles y necias de este mundo,
a propósito, para que la gente las vea y diga:
"¡Nadie más que Dios pudo hacerlo!"*

PALABRA DE DIOS PARA TI

*Porque no tenemos lucha contra sangre y
carne [solo contra oponentes físicos],
sino contra principados, contra potestades,
contra los [espíritus principales que son]
gobernadores de las tinieblas de este siglo,
contra huestes espirituales de maldad en las
regiones celestes [sobrenaturales].*

EFESIOS 6:12

LA GUERRA INTERIOR

Al hacer guerra espiritual en el poder de Dios, debemos recordar que luchamos contra Satanás y sus demonios, no contra otras personas... ni contra nosotros mismos.

Probablemente, la mayor guerra que libramos es la que se desata en nuestro interior, contra nosotros mismos, cuando luchamos por pasar del punto en que estamos espiritualmente a aquel en que vemos que debemos estar. Quizá luchemos porque sentimos que deberíamos haber logrado más cosas en la vida; quizá sintamos que somos un fracaso en lo económico o en otras áreas. Pero el hecho es que no podemos cambiar nada irritándonos y luchando en nuestro interior. Solo Dios puede librar nuestras batallas y ganar. Estas batallas internas son verdaderas batallas, y deben ser manejadas como las demás batallas.

Es difícil llegar al punto en que podamos ser sinceros con nosotros mismos en cuanto a nuestro pecado y nuestros fracasos, nuestras incapacidades y fallas, y al mismo tiempo sepamos que estamos bien con Dios porque Jesús nos abrió el camino al morir por nosotros y resucitar de entre los muertos. Si luchas en tu interior, saber que estás en buena relación con Dios es una clave fundamental para que puedas tener acceso al poder espiritual.

Podemos ser cambiados al adorar a Dios y contemplarlo; no al mirarnos a nosotros y contemplar nuestras muchas fallas, sino al contemplar a Dios.

PALABRA DE DIOS PARA TI

*Por tanto, nosotros todos, mirando a cara
descubierta como en un espejo la gloria del
Señor, somos transformados de gloria
en gloria en la misma imagen, como
por el Espíritu del Señor.*

2 CORINTIOS 3:18

CAMBIAMOS

Yo quiero cambiar, y estoy segura de que tú también. Quiero ver cambios en mi comportamiento. Quiero ver progresos continuos. Por ejemplo, quiero más estabilidad; quiero tener más amor y todo el resto del fruto del Espíritu. Quiero ser buena y amable con los demás, aunque no me sienta bien o no tenga un día particularmente bueno. Aunque todo se me venga en contra y las cosas no anden como yo quisiera; aún así, quiero mostrar el carácter de Jesucristo.

Por el poder del Espíritu Santo en nuestro interior, podemos ser buenas, tiernas y amables, aún cuando las cosas no van como quisiéramos. Podemos mantener la calma cuando todo a nuestro alrededor está de cabeza; cuando todo parece conspirar en nuestra contra para que perdamos la paciencia, y nos molestemos y nos inquietemos.

La clave, para mí, ha sido aprender finalmente que Dios me cambia por medio de su gracia, no por medio de mis luchas por cambiarme a mí misma. He sufrido muchos años luchando contra mí misma antes de descubrir el poder de Dios para cambiarme por dentro... poco a poco.

Así nos cambia Dios. Nos revela algo,
y luego espera hasta que decidimos confiárselo
antes de producir en nosotros su
carácter en esa área.

PALABRA DE DIOS PARA TI

Yo soy la vid, vosotros los pámpanos;
el que permanece en mí, y yo en él, éste lleva
mucho [abundante] fruto; porque separados de
mí [lejos de la unión vital conmigo]
nada podéis hacer.

JUAN 15:5

SOLO EN JESÚS

Yo era una persona muy independiente, y Dios comenzó a darme Juan 15:5 en los comienzos de mi andar con Él. Una de las leyes espirituales para recibir poder espiritual de Dios es depender enteramente de Él. Sin fe, no podemos agradar a Dios. La fe implica apoyar toda nuestra personalidad humana, en total confianza, en el poder, la sabiduría y la bondad de Dios.

Debemos apoyarnos en Él, confiar solo en Él y depender enteramente de Él, quitarnos todo el peso de encima de nuestros hombros y ponerlo en los suyos. Sin la ayuda de Dios no podemos cambiar nada en nuestra vida. No podemos cambiarnos a nosotros mismos, ni a nuestro cónyuge, ni a nuestra familia, ni a nuestros amigos ni nuestras circunstancias. Realmente, ¡separados de Él no podemos hacer nada!

Cuando no permitimos que Dios sea Dios, podemos decir adiós a la paz y al gozo. Tratamos de descubrir cómo funcionan las cosas, cuando no tenemos siquiera que tocarlas con el pensamiento. Nada es demasiado difícil ni demasiado extraordinario para Dios, pero muchas cosas son demasiado difíciles o demasiado extraordinarias para nosotros. Debemos crecer hasta llegar a descansar en el hecho de que conocemos al que sabe... y estamos libres para confiar en Él.

Es tan liberador decir: "Señor, no sé qué hacer, y aunque lo supiera, no podría hacerlo. Pero mis ojos están en ti. Voy a esperar y observar cómo tú haces todo".

Palabra de Dios para ti

*Y todo Judá estaba en pie delante de Jehová, con
sus niños y sus mujeres y sus hijos. Y
estaba allí Jahaziel hijo de Zacarías, hijo de
Benaía, hijo de Jeiel, hijo de Matanías, levita de
los hijos de Asaf, sobre el cual vino el Espíritu
de Jehová en medio de la reunión; y dijo: Oíd,
Judá todo, y vosotros moradores de Jerusalén,
y tú, rey Josafat. Jehová os dice así: No temáis
ni os amedrentéis delante de esta multitud
tan grande, porque no es vuestra
la guerra, sino de Dios.*

2 Crónicas 20:13-15

ESPERA EN DIOS

*M*e encanta 2 Crónicas 20:13-15, porque es un pasaje de poder. El rey Josafat y el pueblo enfrentaban a un vasto ejército y una situación aparentemente imposible de resolver. Pero en lugar de actuar naturalmente, Josafat actuó espiritualmente. En la economía del poder espiritual de Dios, esperar en Dios y mantenerse quietos es un acto espiritual. En efecto, con su actitud decía: "Señor, esperaré que tú nos liberes. Y voy a disfrutar mi vida mientras espero".

Satanás odia nuestro gozo. Él quiere ver enojo, emociones descontroladas, lágrimas, autoconmiseración, quejas, murmuraciones... quiere vernos culpar a Dios y a los demás por las situaciones de nuestra vida. Quiere ver cualquier cosa, menos gozo, porque el gozo del Señor es nuestra fortaleza (Nehemías 8:10). Necesitamos las fuerzas que ganamos mientras esperamos para hacer cualquier cosa que Dios nos indique hacer cuando nos dé su dirección.

Nos sentimos tentadas a pensar que no hacemos nuestra parte si no nos preocupamos o tratamos de idear alguna reacción, pero esto nos impide ser liberadas, más que ayudarnos. No es irresponsable disfrutar de la vida cuando esperamos en el Señor para que resuelva nuestros problemas (Juan 10:10).

La respuesta de Dios es muy simple:
"No temas, porque la batalla no es
tuya, sino del Señor".

PALABRA DE DIOS PARA TI

*Mañana descenderéis contra ellos; he aquí que
ellos subirán por la cuesta de Sis, y los
hallaréis junto al arroyo, antes del desierto de
Jeruel. No habrá para qué peleéis vosotros en
este caso; paraos, estad quietos, y ved la
salvación de Jehová con vosotros. Oh Judá y
Jerusalén, no temáis ni desmayéis;
salid mañana contra ellos, porque
Jehová estará con vosotros.
Entonces Josafat se inclinó rostro a tierra,
y asimismo todo Judá y los moradores de
Jerusalén se postraron delante de Jehová,
y adoraron a Jehová. Y se levantaron los levitas
de los hijos de Coat y de los hijos de Coré,
para alabar a Jehová el Dios de Israel
con fuerte y alta voz.*

2 CRÓNICAS 20:16-19

TOMA TU POSICIÓN

El pueblo de Judá no solo se mantuvo quieto delante del Señor. Cuando escucharon las instrucciones de Dios, el rey y el pueblo se inclinaron sobre sus rodillas con los rostros al suelo, y adoraron. La adoración fue, de hecho, la posición que adoptaron y, al adorar, también se mantenían quietos. Arrodillarse en reverencia ante Dios es una posición de batalla, y una clave del poder espiritual.

"Alabar" a Dios es atribuirle la gloria debida a su nombre. Es hablar y cantar de su grandeza, su bondad y su gracia. "Adorar" es "obedecer, reverenciar, servir". En un sentido amplio, puede ser considerado como el reconocimiento directo de Dios, su naturaleza, sus atributos, caminos y palabras, ya sea por medio de la expresión del corazón en alabanza y acción de gracias, o por obras hechas en tal reconocimiento.

Debemos aprender a luchar a la manera de Dios, no a la manera del mundo. Nuestra posición de batalla es la posición de adoración. Levantarse significa permanecer o entrar en el reposo de Dios. Nuestra posición en Cristo es adorarlo y alabarlo. Defendemos nuestro territorio y creemos sin vacilar que Dios obrará en nuestra vida y nuestras circunstancias. Nos negamos a darnos por vencidas.

Al adorar al Señor nos liberamos de la carga emocional o mental que pesa sobre nosotros y nos aplasta. Esa carga se pierde en la inmensidad de Dios.

PALABRA DE DIOS PARA TI

Pero los que esperan a Jehová [quienes esperan,
buscan y tienen esperanza en Él] tendrán
nuevas fuerzas; levantarán alas como las
águilas [cerca de Dios, hasta el Sol]; correrán,
y no se cansarán; caminarán, y no se fatigarán.

ISAÍAS 40:31

¿Cuánto más, Señor?

Al comenzar a adorar a Dios por los cambios que ya obra en nosotras, nos damos cuenta de que esos cambios se manifiestan cada vez más. Y experimentamos nuevos niveles de la gloria de Dios, que es la manifestación de todas sus excelencias. En otras palabras, Dios derrama de su bondad sobre quien lo adora.

La cantidad de tiempo que estos cambios tarden en producirse en nuestra vida depende de (1) cuánto tiempo tardamos en aceptar ante Dios que tenemos el problema que Él dice que tenemos; (2) cuánto tiempo tardamos en dejar de poner excusas y culpar a los demás; (3) cuánto tiempo pasamos dando vueltas y vueltas, mientras tratamos de cambiarnos a nosotras mismas; y (4) cuánto tiempo pasamos estudiando su Palabra, esperando en Él y adorándolo, creyendo verdaderamente que Él obra en nosotras.

Dios siempre trata de obrar en nosotras. Él se llama a sí mismo "YO SOY" y siempre está presente para cambiarnos. Es un caballero, y jamás nos obligará a dejarlo entrar en nuestra vida; nosotras debemos invitarlo. Mientras descansamos bajo su poderosa mano, Él comienza a moldearnos nuevamente según la que era su intención original antes que el mundo nos trastornara. Él hará, sin duda, un buen trabajo, si nos abandonamos en sus poderosas manos.

Dios puede cambiarte mientras lees este libro, si confías en Él.

PALABRA DE DIOS PARA TI

*Acab subió a comer y a beber. Y Elías subió a la
cumbre del Carmelo, y postrándose en tierra,
puso su rostro entre las rodillas. Y dijo a su
criado: Sube ahora, y mira hacia el mar. Y él
subió, y miró, y dijo: No hay nada. Y él le
volvió a decir: Vuelve siete veces. A la séptima
vez dijo: Yo veo una pequeña nube como la
palma de la mano de un hombre, que sube del
mar. Y él dijo: Ve, y di a Acab: Unce tu carro y
desciende, para que la lluvia no te ataje. Y
aconteció, estando en esto, que los cielos se
oscurecieron con nubes y viento, y hubo una
gran lluvia. Y subiendo Acab, vino a Jezreel.*

1 Reyes 18:42-45

Deja en libertad a Dios

_D_ios nos cambia de un grado de gloria a otro, pero no olvides disfrutar de la gloria que tienes ahora, mientras te encaminas hacia la próxima. No compares la gloria en la que estás con la de otra persona que parece tener un grado mayor de gloria. Cada uno de nosotras es un individuo, y Dios obra en nosotras de manera diferente, según lo que Él sabe que necesitamos.

Quizá no notes cambios día a día, pero quiero estimular tu fe para que creas que Dios obra, como dijo que lo haría. Recuerda, vemos después de creer, no antes. Luchamos en nuestro interior por todo lo que no somos, cuando deberíamos estar alabando y adorando a Dios por todo lo que somos. Cuando lo adoramos por ser quién Él es, vemos cosas que aparecen en nuestras vidas y que jamás nosotras hubiéramos podido hacer realidad.

Cuando adoramos a Dios nos liberamos de las frustraciones. Todas esas cosas emocionales, extrañas, que necesitamos que desaparezcan, se esfuman. Cuando adoramos, el carácter de Dios se libera en nuestra vida y comienza a manifestarse.

_Damos libertad a Dios para obrar en nuestra
vida cuando dejamos que brote
nuestra fe en Él. La verdad de Dios te hará libre
si te atienes al plan de batalla de Dios... ¡y te
agradarán los resultados!_

PALABRA DE DIOS PARA TI

Porque a los que antes conoció [de quienes tuvo conocimiento y amó desde el principio], también los predestinó para que fuesen hechos conformes a la imagen de su Hijo [y participar de su semejanza interiormente], para que él sea el primogénito entre muchos hermanos.

ROMANOS 8:29

Y llamando a la gente y a sus discípulos [a sí mismo], les dijo: Si alguno quiere venir en pos de mí, niéguese a sí mismo [olvídese, ignórese, repúdiese, piérdase de vista a sí mismo y sus propios intereses], y tome su cruz [uniéndose a mí como mi discípulo y poniéndose de mi lado], y sígame [continuamente, aferrándose a mí].

MARCOS 8:34

COMO CRISTO

*N*uestra primera meta en la vida como cristianos debería ser: ser como Cristo. Jesús es la imagen expresa del Padre, y nosotros debemos seguir sus pasos. Él vino como pionero de nuestra fe para mostrarnos con el ejemplo cómo debemos vivir. Debemos tratar de comportarnos con las personas como lo hizo Jesús. Nuestra meta es no tener éxito en los negocios o llegar a ser famosas. No es ser prósperas, populares, ni construir un gran ministerio, sino ser como Cristo.

No podemos llegar a la madurez espiritual, es decir, ser como Cristo, sin "morir al yo". Esto significa, simplemente, decirle sí a Dios y no a nosotras mismas cuando nuestra voluntad y la de Dios están en conflicto. Jesús dijo a sus discípulos que, si querían seguirlo, deberían tomar su cruz diariamente.

Para seguir a Cristo y llegar a ser como Él, debemos estar dispuestas a olvidar lo que nosotros queremos –nuestros planes, hacer las cosas a nuestra manera– y, en cambio, confiar en que Él nos mostrará cuál es su voluntad para nosotras. Su voluntad siempre nos dará profundo gozo y satisfacción, y el premio bien vale la pena.

Al mundo no lo impresionan los autoadhesivos con leyendas cristianas que peguemos en el auto o nuestros colgantes con palabras de testimonio. Quieren ver un fruto de comportamiento agradable a Dios. Quieren ver vidas dinamizadas por el Espíritu de Dios, que reflejen la imagen de Jesús.

La gracia de Dios es el favor de Dios. Es el sobrenatural poder de Dios que llega a través de nuestra fe para hacer lo que nosotros no podemos hacer por nosotros mismos.

Favor
sobrenatural

Palabra de Dios para ti

*Acerquémonos, pues, confiadamente [sin temor
y osadamente] al trono de la gracia [el trono
del favor de Dios, inmerecido por nosotros,
pecadores], para alcanzar misericordia [para
nuestras fallas] y hallar gracia para el
oportuno socorro [la ayuda adecuada y
oportuna, que llega justo
cuando la necesitamos].*

Hebreos 4:16

*Y a Aquel que es poderoso para [cumplir su
propósito y] hacer todas las cosas mucho más
abundantemente de lo que [nos atrevemos]
pedimos o entendemos [infinitamente por
encima de nuestras mayores oraciones, deseos,
pensamientos, esperanzas o sueños], según
[como consecuencia de la acción de] el poder
que actúa en nosotros...*

Efesios 3:20

Parte Dos
FAVOR SOBRENATURAL

uando comencé a ministrar, tenía miedo. Tenía miedo de que me rechazaran. En esa época, que una mujer hiciera lo que yo hacía era aun menos admitido que ahora, cuando las mujeres que predican son más aceptadas. Así que yo me esforzaba mucho más por hablar y comportarme como creía que se esperaba de mí.

El problema era que trataba de ganarme el favor natural, y no funcionó. Nunca funciona. Tratar de obtener el favor por nosotras mismas no solo es un trabajo arduo sino, con frecuencia, inútil. Cuanto más nos esforzamos, menos se sienten atraídas las personas hacia nosotros.

En ese momento yo no sabía nada del favor sobrenatural. No sabía que el favor es una parte de la gracia. De hecho, en el Nuevo Testamento, tanto la palabra "gracia", como la palabra "favor" se traducen de la misma palabra griega, *charis*. Así que la gracia de Dios es el favor de Dios. Y la gracia de Dios hace que en nuestra vida pasen las cosas que deben pasar, por el canal de nuestra fe. Es el poder de Dios que llega por medio de nuestra fe para hacer lo que no podemos hacer solos. No es por poder humano, ni por fuerza humana, sino por el Espíritu Santo. Es por el Espíritu de gracia de Dios que obtenemos el favor de Dios y de los hombres.

Una vez que creemos que recibiremos el favor sobrenatural de Dios, nos sentimos aliviados de la tensión que provoca buscarlo. En lugar de tratar de hacer todo por nosotras mismas, hacemos lo mejor que podemos y dejamos los resultados en manos de Dios.

PALABRA DE DIOS PARA TI

*Pero él da mayor gracia [poder del Espíritu
Santo, para vencer totalmente esta
tendencia mala y otras]. Por esto dice: Dios
resiste a los soberbios, y da gracia
[continuamente] a los humildes [los que son
suficientemente humildes
como para recibirla].*

SANTIAGO 4:6

FAVOR NATURAL

*D*ebo hacer énfasis en la distinción entre favor natural y favor sobrenatural, en lo que concierne al poder espiritual. El favor natural puede ganarse, mientras que el favor y el poder sobrenatural, no.

Si trabajas lo suficiente durante suficiente tiempo, lograrás caerle bien a la gente y harás que te acepten la mayor parte de las veces. Pero esa aceptación debe mantenerse, y este es el punto en que muchas personas se meten en problemas. Decir y hacer siempre lo correcto se convierte en una especie de esclavitud.

Dios no quiere que gastemos nuestro tiempo y nuestra energía tratando de ganarnos el favor de Él o de otros. Desea que dediquemos nuestro tiempo y energía a andar en su favor sobrenatural por medio del Espíritu, y hacer su voluntad, sea lo más popular o no. No podemos ganar el favor de Dios; es un regalo de Él. Y la forma en que lo obtenemos es, simplemente, creyendo y recibiéndolo de Dios.

Por eso es que cada día oro pidiendo favor, favor sobrenatural. Dios da gracia a los humildes, y mi único deseo es que su poder espiritual fluya libremente a través de mi vida, y mis palabras y mis acciones.

Cuando sabemos que todo lo que tenemos y disfrutamos es un regalo de Dios, resultado de su favor sobrenatural sobre nosotros, no nos queda más que decir: "Gracias, Señor".

PALABRA DE DIOS PARA TI

*Y tomó su amo a José, y lo puso en la cárcel,
donde estaban los presos del rey, y estuvo allí en
la cárcel. Pero Jehová estaba con José y le
extendió su misericordia, y le dio
gracia en los ojos del jefe de la cárcel. Y el jefe
de la cárcel entregó en mano de José el cuidado
de todos los presos que había en aquella
prisión; todo lo que se hacía allí, él lo hacía.
No necesitaba atender el jefe de la cárcel cosa
alguna de las que estaban al cuidado de José,
porque Jehová estaba con José, y lo que
él hacía, Jehová lo prosperaba.*

GÉNESIS 39:20-23

LA ACTITUD DE FE

Aunque José fue castigado injustamente, porque había sido encarcelado por algo que no había hecho, el Señor aún estaba con él en su favor sobrenatural, y se ocupó de él. Así demostró que una persona no está realmente mal si Dios le da su favor, aunque acabe en la cárcel.

Sin importar lo que nos suceda en la vida, podemos tener el favor de Dios y de las demás personas (Lucas 2:52). Pero, como tantas cosas buenas de la vida, el hecho de que algo bueno esté a nuestra disposición no significa que lo aprovechemos. El Señor pone a nuestro alcance muchas cosas que nunca recibimos ni disfrutamos, porque nunca activamos nuestra fe en ese sentido.

Por ejemplo, si vamos a una entrevista para un empleo y sentimos temor y fracaso, casi es seguro que no lo conseguiremos. Por el contrario, si nos presentamos para un trabajo para el cual sabemos que no estamos plenamente cualificados, aun así, podemos ir confiados, creyendo que Dios nos dará su favor en cada situación, si esa es su voluntad.

Dios quiere darte su favor, pero debes hacer lo que hizo José: creer. José mantuvo una buena actitud aun en medio de una mala situación. Tenía una actitud de fe, y Dios le dio su favor.

PALABRA DE DIOS PARA TI

Cuando le llegó a Ester, hija de Abihail tío de Mardoqueo, quien la había tomado por hija, el tiempo de venir al rey, ninguna cosa procuró sino lo que dijo Hegai eunuco del rey, guarda de las mujeres; y ganaba Ester el favor de todos los que la veían. Fue, pues, Ester llevada al rey Asuero a su casa real en el mes décimo, que es el mes de Tebet, en el año séptimo de su reinado. Y el rey amó a Ester más que a todas las otras mujeres, y halló ella gracia y benevolencia delante de él más que todas las demás vírgenes; y puso la corona real en su cabeza, y la hizo reina en lugar de Vasti.

ESTER 2:15-17

BAJO EL CONTROL DE DIOS

¿Sabías que hay un pasaje bíblico que dice que Dios exalta a una persona y humilla a otra? Debes leer 1 Samuel 2:7. Un ejemplo de esto es la vida de Ester. Dios la sacó del anonimato para convertirla en reina de todo un pueblo. Le dio el favor de todos los que conoció, entre ellos, el rey, porque ella había hallado favor de Dios.

Más adelante en su historia, Ester aprovechó ese favor para salvarse a sí misma y a su pueblo, los judíos, de ser asesinados por el cruel Amán, que estaba decidido a destruirlos. Quizá haya tenido temor de presentarse ante el rey para pedirle que interviniera, porque esto podría costarle su vida; pero lo hizo, porque había confiado su vida a Dios.

Sea cual fuere la situación que llegue a tu vida: si eres perseguido, acosado o discriminado; si alguien trata de quitarte algo que te pertenece por derecho, sea tu trabajo, tu reputación o cualquier otra cosa en la vida, cree que Dios te dará su favor sobrenatural. A pesar de lo desesperante que pueda parecer la situación, Dios puede levantar y puede humillar. Si tu vida está en sus manos, cree que la luz del Señor brilla sobre ti para darte su favor.

———————————— ❧ ————————————

No vayas por la vida temerosa o temiendo
ser rechazada. El poder de Dios
siempre te acompañará.

———————————————————————————

PALABRA DE DIOS PARA TI

*Y dijo el rey [de Babilonia] a Aspenaz, jefe de
sus eunucos, que trajese de los hijos de Israel,
del linaje real de los príncipes, [...].
Entre éstos estaban Daniel, Ananías, Misael y
Azarías, de los hijos de Judá. A éstos el jefe de
los eunucos puso nombres: puso a Daniel,
Beltsasar; a Ananías, Sadrac; a Misael,
Mesac; y a Azarías, Abed-nego.
Y Daniel propuso en su corazón no
contaminarse con la porción de la comida del
rey, ni con el vino que él bebía; pidió, por tanto,
al jefe de los eunucos que no se le obligase a
contaminarse. Y puso Dios a Daniel en gracia y
en buena voluntad con el jefe de los eunucos.*

DANIEL 1:3, 6-9

MÁS Y MÁS

*L*a historia de Daniel y los jóvenes hebreos quizá sea ya muy conocida, pero no debemos dejar pasar la lección de cómo el favor sobrenatural de Dios estuvo con ellos aun cuando habían sido llevados lejos de sus familias y de sus hogares.

Debido a sus pecados contra el Señor, la nación de Judá fue llevada cautiva a Babilonia. Allí algunos de los más prometedores jóvenes, entre ellos Daniel y tres de sus amigos, fueron elegidos para trabajar como sirvientes del rey babilónico. Como parte de su período de entrenamiento, que duraría tres años, estos jóvenes debían seguir una dieta de carnes grasosas y vino, de los mismos que comía y tomaba el rey. Pero Daniel y sus amigos decidieron no mancharse con esa forma de alimentación y pidieron que se les permitiera continuar con su propia dieta hebrea.

Se negaron a transigir en sus convicciones, y se nos dice que el Señor dio a Daniel "gracia y buena voluntad" del jefe de los eunucos. Tuvieron permiso para seguir su propia dieta, mientras no les hiciera daño. Naturalmente, no solo no les hizo daño, sino los hizo más fuertes y sanos que los demás, por lo cual fueron elegidos como consejeros confiables.

Bajo el favor y el poder de Dios, Daniel se elevó hasta llegar a ser primer ministro de la mayor potencia del mundo en esa época. ¿Qué hubiera sucedido si no hubiera confiado en Dios más de todo lo que hubiera pedido o imaginado?

PALABRA DE DIOS PARA TI

Y Jesús crecía en sabiduría [pleno y total entendimiento] y en estatura, y en gracia para con Dios y los hombres.

LUCAS 2:52

Cuando el centurión vio lo que había acontecido, dio gloria a Dios, diciendo: Verdaderamente este hombre era justo [limpio e inocente].

LUCAS 23:47

FAVORECIDOS POR EL SEÑOR

esde su niñez Jesús gozó del favor sobrenatural de Dios y de los hombres. De hecho, una vez que comenzó su ministerio público llegó a ser tan popular que apenas podía encontrar el tiempo para estar a solas para orar y tener comunión con su Padre celestial. Aun quienes no creían en Él reconocían que Él disfrutaba del favor de Dios. Cuando los fariseos enviaron guardias para arrestarlo, estos se volvieron, diciendo: *"¡Jamás hombre alguno ha hablado como este hombre!"* (Juan 7:46). Hasta el mismo fin de su vida, aun en la cruz, fueron reconocidos ese especial poder y favor (Lucas 23:47-48).

Así quisiera yo que tú y yo lleguemos a vernos a nosotras mismas, como favorecidas por el Señor. Él no nos ve débiles, indefensas, criaturas pecaminosas. Él nos ve revestidas de justicia, calzadas con el calzado de la paz, armadas con toda la armadura de Dios y blandiendo la espada del Espíritu, que es la Palabra de Dios. Así debemos vernos nosotros también.

No importa cómo nos veamos o nos vean los demás, nunca debemos olvidar que Dios puede hacer que la luz de su favor brille sobre nosotras, así como lo hizo con Jesús, para que nosotras también crezcamos en sabiduría y estatura.

---

*Deja de mirar tu vida en el ámbito
natural. Así, no le das crédito al Señor
por lo que Él puede hacer.*

PALABRA DE DIOS PARA TI

*Y derramaré sobre la casa de David, y sobre
los moradores de Jerusalén, espíritu de gracia
[favor inmerecido] y de oración.*

ZACARÍAS 12:10

EL ESLABÓN PERDIDO

*E*l mensaje de la gracia de Dios ha sido el mensaje más importante que el Espíritu Santo me ha dado. Toda mi experiencia cristiana era una lucha, antes que tomara conocimiento del poder espiritual de la gracia. En mi opinión, enseñarle fe a la gente, y no enseñarle gracia, es "el eslabón perdido" en el camino de fe de muchas personas.

La gracia es el poder del Espíritu Santo que está disponible para hacer todo lo que haya que hacer en nuestra vida, el poder para provocar y mantener el cambio. Es la capacidad de Dios que nos llega gratuitamente, con solo pedirla. La gracia de Dios se recibe por fe. La fe no es el precio que compra las bendiciones de Dios, sino la mano que las recibe.

El solo hecho de escuchar la palabra "gracia" me calma. Recuerda siempre que cuando te sientes frustrada e irritada, es porque has obrado con tus propios esfuerzos y debes regresar al poder de Dios. La gracia te deja fuerte y calmada; las obras te dejan débil y sin poder, frustrada y frenética. No te desanimes si el cambio no se produce tan rápido como quisieras; lleva tiempo.

Recibe, no solo la gracia que salva, sino recibe gracia, gracia y más gracia para poder vivir en victoria y glorificar a Jesús en tu vida diaria.

PALABRA DE DIOS PARA TI

Porque el Señor es el Espíritu; y donde está el Espíritu del Señor, allí hay libertad [emancipación de la esclavitud, liberación].

2 CORINTIOS 3:17

Estad, pues, firmes en la libertad con que Cristo nos hizo libres [nos liberó por completo], y no estéis otra vez sujetos [no seáis engañados y atados y sometidos] al yugo de esclavitud [que ya una vez os habéis quitado].

GÁLATAS 5:1

LIBERTAD

Cada uno de nosotras quisiera ser favorecida o exaltada. ¿Es eso orgullo? No, no si esa posición viene de Dios y no de nuestras ambiciones personales o nuestros esfuerzos egoístas para llamar la atención sobre nosotras mismas.

Para ser totalmente sincera, me encanta ver cómo Dios exalta a una persona. Es divertido verlo apartar a alguien para que reciba una atención especial o un tratamiento preferencial. Verlo trabajar con poder en la vida de alguien es motivo de genuina alabanza y acción de gracias.

Siempre es agradable tener el favor de Dios. Solo que parece que no sucede tan frecuentemente como nosotras quisiéramos. Parte del problema somos nosotras. No nos divertimos tanto con el Señor como deberíamos. Deberíamos tener más libertad, menos miedo y menos legalismo. Hay muchas cosas que a Dios le encantaría hacer por nosotras, pero no puede porque no se lo pedimos. Una razón por la que no pedimos es que no nos sentimos dignas. Solo vamos a pedirle a Dios su favor especial cuando estamos absolutamente desesperadas.

Es hora de que creamos en las palabras de nuestro Padre: "Tú eres la niña de mis ojos. Eres mi hijo preferido".

Nuestro Padre celestial quiere que sus
hijos se levanten y lleguen a ser todo aquello
por lo que su Hijo Jesús entregó su vida.

PALABRA DE DIOS PARA TI

Oh Jehová, Señor nuestro, ¡cuán glorioso
[majestuoso y excelente] es tu nombre en toda
la tierra! Has puesto tu gloria sobre los cielos;
de la boca de los niños y de los que maman,
fundaste la fortaleza, a causa de tus enemigos,
para hacer callar al enemigo y al vengativo.
Cuando veo tus cielos, obra de tus dedos, la
luna y las estrellas que tú formaste, digo:
¿Qué es el hombre, para que tengas de él
memoria, y el hijo del hombre [nacido de la
tierra], para que lo visites?
Le has hecho poco menor que los ángeles, y lo
coronaste de gloria y de honra. Le hiciste
señorear sobre las obras de tus manos; todo lo
pusiste debajo de sus pies.

SALMOS 8:1-6

CORONADOS DE GLORIA

_S_i lo notas, en el versículo 5 del Salmo 8 Dios ha elegido al hombre, y lo ha coronado de gloria y honra. Aquí, en mi opinión, "honra" significa lo mismo que "favor". Podríamos decir que Dios ha coronado al hombre con gloria y favor, dándole dominio sobre las obras de su mano, y colocó todas las cosas bajo sus pies. Yo diría que la palabra "gloria", en esta instancia, es la excelencia de Dios. Y ser coronado es figura de triunfo y recompensa.

El hecho de que no veamos una corona sobre nuestra cabeza no significa que no la tengamos. No importa cómo nos sintamos: hemos sido coronados con el favor y la excelencia de Dios. Él nunca quiso que nos arrastremos por el barro de la vida y tomemos cualquier cosa que el diablo nos arroja, sin reclamar lo que por derecho nos corresponde.

Si lees el versículo 6, verás que todas las cosas han sido puestas bajo nuestros pies por Dios, que nos ha dado dominio sobre toda su creación. Por la fe en la obra terminada de Jesús en la cruz tenemos todo el poder espiritual que necesitamos para impedir que el diablo y sus demonios nos intimiden, nos dominen o nos opriman. Este es nuestro derecho, bajo el favor de Dios.

_Andamos en la gloria y la honra
que Dios nos ha dado solo en la medida que
estemos decididas a hacerlo. Aprende a hacer
uso de ellas y andar en ellas._

---

*Es obvio que algunas personas están
más cerca de Dios que otras.
Algunos tienen esa familiaridad de
"viejos amigos" con Dios, que parece
completamente extraña para otros.
La verdad es que cada uno de
nosotros está tan cerca de Dios como
desee estarlo.*

Sé transformada

PALABRA DE DIOS PARA TI

*Una cosa he demandado a Jehová, ésta buscaré
[pediré, insistentemente requeriré]; que esté yo
en la casa [en la presencia] de Jehová
todos los días de mi vida, para contemplar la
hermosura [el dulce atractivo y el delicioso
encanto] de Jehová, y para inquirir [meditar,
considerar] en su templo.*

SALMOS 27:4

Parte Tres

SÉ TRANSFORMADA

ecuerdo el vacío que sentí en 1976 cuando, siendo recién convertida, me di cuenta de que hacer lo correcto me daba una felicidad temporal, pero no un gozo profundo y satisfactorio. Mi relación con Dios era muy similar a la de los israelitas, que solo veían a Dios a distancia, mientras Moisés hablaba con Él cara a cara. Dios era muy real para este pueblo, y podían escuchar su voz, pero para ellos parecía un fuego consumidor.

Quizá tú vives lo que yo viví. Yo vivía según las leyes de la iglesia, haciendo todo lo que me decían que hiciera, y esperando que mi rutina de buenas obras me diera la paz, el gozo y el poder espiritual que promete la Biblia. Pero, por el contrario, llegué a sentirme profundamente decepcionada porque nada parecía funcionar. Mi vida estaba llena de irritaciones y ofensas que me robaban el verdadero contentamiento. Sabía que necesitaba un cambio real en mi vida, pero no sabía lo que exactamente necesitaba. Buscaba, pero no sabía qué.

Muchos queremos las bendiciones y el poder de Dios, pero no lo anhelamos ni lo ansiamos a Él, ni dejamos otras cosas de lado para ir tras una palabra del Señor. Queremos ser transformadas pero, a diferencia de David, no nos comprometemos a una sola cosa: la manifiesta presencia de Dios.

———————— ❧ ————————

Lo único que satisface verdaderamente
nuestro anhelo interior es conocer a
Dios más íntimamente hoy que ayer.

PALABRA DE DIOS PARA TI

*Él respondió y dijo: Escrito está: No sólo de pan
vivirá [se sustentará] el hombre, sino de toda
palabra que sale de la boca de Dios.*

MATEO 4:4

*No os embriaguéis con vino, en lo cual hay
disolución; antes bien sed llenos del Espíritu
[y estimulados por Él].*

EFESIOS 5:18

¿Estás satisfecha?

No creo que haya nada mejor que estar satisfechas. Levantarse por la mañana y pensar: "La vida es buena. ¡Gloria a Dios! Estoy satisfecha", e irse a cama a la noche satisfecha aún, es vivir verdaderamente una vida en abundancia. Por otra parte, no creo que haya nada peor que vivir en un estado de insatisfacción constante.

Esta es una verdadera forma de comprobar tu estado espiritual. No importa lo que poseas, adónde vayas o lo que hagas; nada puede darte verdadera gratificación, más que la presencia de Dios. El dinero, los viajes, las vacaciones, la ropa, las nuevas oportunidades, los muebles nuevos y las casas nuevas, casarse y tener hijos… son todas cosas que pueden darnos un cierto grado de felicidad. Pero nunca estaremos permanentemente, continuamente satisfechas, si buscamos las cosas por nuestros propios medios o lo hacemos para llenar el vacío que hay en nuestro interior.

Hago énfasis en esto porque sé que hay muchas creyentes desdichadas que no saben qué hacer con sus vidas secas e insatisfechas. Demasiadas son los que se pierden los ricos placeres que produce la comunión diaria con el Padre celestial por medio del Espíritu Santo. Si esto es lo que sucede en tu vida, sé sincera con Dios y ábrele tu corazón.

— ⁓ —

Para tener verdadera victoria, tú y
yo tenemos que aprender una simple verdad bíblica:
no tenemos, porque no pedimos.

PALABRA DE DIOS PARA TI

Y yo os digo: Pedid, y se os dará; buscad, y hallaréis; llamad, y se os abrirá. Porque todo aquel que pide, recibe; y el que busca, halla; y al que llama, se le abrirá. ¿Qué padre de vosotros, si su hijo le pide pan, le dará una piedra? ¿o si pescado, en lugar de pescado, le dará una serpiente? ¿O si le pide un huevo, le dará un escorpión? Pues si vosotros, siendo malos, sabéis dar buenas dádivas [regalos que son para provecho de] a vuestros hijos, ¿cuánto más vuestro Padre celestial dará el Espíritu Santo a los que se lo pidan?

LUCAS 11:9-13

LLENA DEL ESPÍRITU

*U*n viernes por la mañana, en febrero de 1976, iba al trabajo en mi automóvil, me sentía muy desanimada. Nada en mi vida parecía andar bien, a pesar de lo mucho que me esforzaba. Llena de frustración y desesperación, le dije a Dios, a gritos, que ya no podía seguir con las cosas de esa manera. Era como alguien que se moría de hambre, tan hambrienta estaba de recibir cualquier cosa mientras supiera que venía de Dios. Estaba totalmente abierta para Dios.

Para mi sorpresa Dios me habló en el auto aquella mañana. Dijo mi nombre y me habló de la paciencia. Supe con certeza que Él iba a hacer algo en mi vida, aunque no sabía qué haría, ni cuándo.

Después del trabajo, estaba esperando en un semáforo en rojo, cuando sentí que mi corazón se llenaba de fe por lo que Dios iba a hacer. Comencé a agradecerle por ello y, en ese mismo momento, Jesús me llenó con la presencia del Espíritu Santo en una forma que yo jamás había sentido. Sentí como si alguien hubiera derramado amor líquido en mí hasta llenarme, y esto produjo un efecto tan profundo sobre mi comportamiento que la gente me preguntaba qué me había sucedido. Tenía paz, estaba feliz y era más amigable; ¡verdaderamente cambiada!

Debemos buscar al Señor, y no la experiencia de otra persona. Solo Él decide cómo y exactamente cuándo manifestar su presencia en nuestras vidas.

PALABRA DE DIOS PARA TI

*Y habiendo dicho esto, sopló, y les dijo:
Recibid el Espíritu Santo.*

JUAN 20:22

*Y estando juntos, les mandó que no se fueran de
Jerusalén, sino que esperasen la promesa del
Padre, la cual, les dijo, oísteis de mí. Porque
Juan ciertamente bautizó con agua, mas
vosotros seréis bautizados con [colocados en,
introducidos dentro de] el Espíritu Santo dentro
de no muchos días. [...]; pero recibiréis poder
[capacidad, eficacia y fuerza], cuando haya
venido sobre vosotros el Espíritu Santo, y me
seréis testigos en Jerusalén, en toda Judea, en
Samaria, y hasta lo último [los confines
mismos] de la tierra.*

HECHOS 1:4-5, 8

INMERSAS EN EL ESPÍRITU

*A*ntes de ser llevado al cielo después de resucitar de los muertos (Hechos 1:3), Jesús reunió a sus discípulos y les dijo que no salieran de Jerusalén, sino que esperaran el derramamiento del Espíritu Santo, cosa que iba a suceder. Eran los mismos discípulos sobre quienes Jesús había soplado anteriormente y a los que les había dicho que recibieran el Espíritu Santo. Creo que en ese momento fue cuando nacieron de nuevo. Así que, si los discípulos ya habían recibido el Espíritu Santo y lo tenían, ¿por qué les dijo que esperaran el bautismo del Espíritu Santo?

Cuando nacemos de nuevo tenemos el Espíritu Santo en nosotros. Hechos 1:8 promete que Él también vendrá sobre nosotros con poder para que seamos testigos de Cristo hasta los confines de la Tierra. No solo disfrutamos de la presencia del Espíritu de Dios que habita en nosotras por medio de la salvación, sino también podemos recibir su poder para llenarnos, con el fin de demostrar su gloria a los perdidos que nos rodean.

Una persona puede tener el deseo de hacer algo, pero no tener el poder de hacerlo. En mi vida, solo después de haber sido inmersa en el Espíritu llegué a tener el verdadero deseo de hacer la voluntad de Dios y el poder para hacerlo. Es la diferencia entre hacer y ser.

Hay innumerables cosas contra las que luchamos, cuando podríamos recibir la ayuda del Ayudador divino.

PALABRA DE DIOS PARA TI

Entonces Jesús vino de Galilea a Juan al Jordán, para ser bautizado por él. [...]. Y Jesús, después que fue bautizado, subió luego del agua; y he aquí los cielos le fueron abiertos, y vio al Espíritu de Dios que descendía como paloma, y venía sobre él.

MATEO 3:13, 16

Cómo Dios ungió con el Espíritu Santo y con poder [fortaleza y capacidad] a Jesús de Nazaret, y cómo éste anduvo haciendo bienes y sanando a todos los [acosados y] oprimidos por el [poder del] diablo, porque Dios estaba con él.

HECHOS 10:38

UNGIDAS CON EL ESPÍRITU

*A*unque Jesús era Dios mismo hecho carne (Juan 1:1-14), sabemos que dejó de lado sus privilegios divinos para asumir el aspecto de un siervo, porque se hizo como los hombres y nació como un ser humano (Filipenses 2:6-7). Después nos mostró los pasos que quiere que sigamos.

Antes de comenzar su ministerio público Jesús fue ungido con el Espíritu Santo y con poder. El relato de cómo el Espíritu Santo descendió sobre Jesús indica que el Espíritu quedó permanentemente con Él (Juan 1:32).

El hecho de que el Espíritu Santo residiera con Jesús es significativo, ya que según el Antiguo Pacto, el Espíritu venía sobre personas para tareas específicas, pero no permanecía en ellas. Después del descenso del Espíritu, Jesús fue llevado por el Espíritu al desierto para ser tentado por el diablo, y aprobó todos los exámenes. Después comenzó su ministerio de predicación, en el que hizo milagros y otras maravillas con poder del Espíritu Santo.

Cuando somos llenos del Espíritu Santo estamos equipados para servir en el reino de Dios. Recibimos el poder que nos permite hacer lo que Dios quiere que hagamos.

Si Jesús necesitó ser bautizado por el Espíritu Santo, ¿no necesitamos nosotros lo mismo?

PALABRA DE DIOS PARA TI

*Y cayendo en tierra, oyó una voz que le decía:
Saulo, Saulo, ¿por qué me persigues? El dijo:
¿Quién eres, Señor? Y le dijo: Yo soy Jesús, a
quien tú persigues; dura cosa te es dar coces
contra el aguijón. El, temblando y temeroso,
dijo: Señor, ¿qué quieres que yo haga? Y el
Señor le dijo: Levántate y entra en la ciudad,
y se te dirá lo que debes hacer.*

HECHOS 9:4-6

*Fue entonces Ananías y entró en la casa, y
poniendo sobre él las manos, dijo:
Hermano Saulo, el Señor Jesús, que se te
apareció en el camino por donde venías, me
ha enviado para que recibas la vista y seas
lleno del Espíritu Santo.*

HECHOS 9:17

LA TRANSFORMACIÓN DE PABLO

Muchos dicen que los creyentes reciben todo lo que tendrán o necesitarán cuando reciben a Jesús como su Salvador. Es posible que esto suceda con algunos creyentes, pero sin duda no con todos. Diferentes personas tienen diferentes experiencias. No niego que algunos pueden nacer de nuevo y ser bautizados con el Espíritu Santo al mismo tiempo; pero otros no lo son, y Pablo fue uno de ellos.

Cuando Pablo –que antes se llamaba Saulo– se encontró con el Cristo glorificado en el camino hacia Damasco (Hechos 9), perseguía a los cristianos, ¡y creía que estaba sirviendo a Dios! Fue el momento de su conversión el momento en que se entregó y llamó a Jesús "Señor" y obedeció sus instrucciones.

Tres días después el Señor le habló en una visión a un discípulo llamado Ananías; le dijo que fuera a orar por Pablo. A pesar del mal que Pablo había hecho, se le dijo a Ananías que Pablo era un instrumento escogido para llevar el Evangelio a los gentiles y a los descendientes de Israel. Cuando Ananías le impuso las manos a Pablo, los ojos de este fueron abiertos, fue lleno del Espíritu Santo y, a continuación, fue bautizado en agua. Decir que su vida cambió para siempre en ese momento es poco.

Si el apóstol Pablo necesitó ser lleno del Espíritu Santo, ¿no necesitaremos nosotros lo mismo?

PALABRA DE DIOS PARA TI

*[Que realmente podáis] conocer [de manera
práctica, por experiencia propia] el amor de
Cristo, que excede a todo conocimiento [sin
experiencia], para que seáis llenos [en todo
vuestro ser] de toda la plenitud de Dios [podáis
tener la más rica medida de la divina presencia
y convertiros en un cuerpo totalmente lleno e
inundado de Dios mismo].*

EFESIOS 3:19

RECIBIR EL ESPÍRITU SANTO

*H*e hablado tanto del bautismo del Espíritu Santo porque es nuestra clave personal para el poder espiritual. Leer todo esto te será muy poco útil, a menos que recibas al Espíritu Santo en tu vida. El poder espiritual es un concepto vacío sin Él.

Para ser llenos del Espíritu Santo, primero, tenemos que desearlo. Creo que Dios suele no contestar nuestros primeros clamores porque quiere que lleguemos a estar tan desesperados que estemos totalmente abiertos a cualquier cosa que Él quiera hacer en nuestra vida. Si realmente tienes hambre de más de Dios en tu vida, eres candidato para el bautismo del Espíritu.

Recibir el Espíritu Santo en nuestra vida es algo santo, que debe ser reverenciado y aun temido y respetado. Dios no nos otorga su poder para que nos divirtamos. Él es un Dios de propósito, y todo lo que hace en nuestra vida tiene un propósito. Hallar el propósito de Dios y permitirle que nos equipe para cumplirlo, debería ser nuestra mayor ambición en la vida.

Si tienes este santo deseo, Dios llegará a ti donde estés. Abre la puerta de tu corazón, extiende tu fe para alcanzar a Dios. Humíllate y prepárate para obedecer cualquier cosa que Dios te pida.

Responde a ese golpe a la puerta de tu corazón y permite que el Espíritu Santo entre en tu vida con toda su plenitud.

PALABRA DE DIOS PARA TI

No tenéis lo que deseáis, porque no pedís.

SANTIAGO 4:2

PIDE Y RECIBIRÁS

*S*i has leído hasta aquí, es hora de pedir. Recuerda: el Espíritu Santo te llenará, pero solo si tú lo invitas a hacerlo (Lucas 11:13). Ven osadamente y pide. Pide esperando con seguridad recibir. No tengas doble ánimo. No prestes atención a las dudas. Cree que recibirás, y recibirás. Dios no es hombre para que mienta. Él es fiel para cumplir su Palabra.

Tuve una experiencia concreta en la que sentí que el Espíritu Santo era derramado en mi interior. Desde entonces, he ministrado el bautismo del Espíritu Santo a miles de personas, literalmente, y he visto a esas personas reaccionar de todas formas. Muchos no sienten nada. Nuestra experiencia no puede estar basada en los sentimientos, sino en la fe.

He aquí una oración que puedes hacer: "Padre, en el nombre de Jesús, te pido que me bautices en el poder del Espíritu Santo con la evidencia de hablar en lenguas. Dame osadía como hiciste con aquellos a los que llenaste en el día de Pentecostés, y dame otros dones que desees que yo tenga. Amén".

Espera en Dios calladamente y cree que vas a recibir. No trates de hacer que algo suceda. Deja que Dios ministre a tu espíritu. Para hablar en lenguas, abre tu boca y, a medida que el Espíritu Santo te da palabra, habla lo que escuchas que viene de tu espíritu. Entrégate totalmente al Señor y confía en Él como nunca antes.

PALABRA DE DIOS PARA TI

*Cuando llegó el día de Pentecostés, estaban
todos unánimes juntos. Y de repente vino del
cielo un estruendo como de un viento recio que
soplaba, el cual llenó toda la casa donde
estaban sentados; y se les aparecieron lenguas
repartidas, como de fuego, asentándose sobre
cada uno de ellos. Y fueron todos llenos del
Espíritu Santo [se difundió Él por todo su ser],
y comenzaron a hablar en otras lenguas
[idiomas diferentes, extranjeros], según el
Espíritu les daba que hablasen [en las palabras
adecuadas en cada idioma].*

HECHOS 2:1-4

EVIDENCIA DEL BAUTISMO

*L*as evidencias más importantes de la vida llena del Espíritu Santo son un cambio de carácter y el desarrollo del fruto del Espíritu Santo. El hombre es bautizado por el Espíritu Santo para permitirle vivir totalmente para Dios. Hablar en lenguas fue una de las evidencias en Pentecostés, pero la evidencia más importante fue entonces, como lo será siempre, hombres y mujeres cambiados.

El bautismo del Espíritu cambió a Pedro repentinamente, de un hombre temeroso a uno lleno de osadía. Transformó a todos los discípulos de Jesús. Ya hemos visto sus efectos en la vida de Pablo. Me cambió a mí, y continúa cambiando a quienes lo buscan sinceramente en todo el mundo.

Hablar en lenguas es también una evidencia, y un don muy valioso. Creo que el primer derramamiento del día de Pentecostés es una pauta que debe seguir la iglesia: y todos ellos hablaron en lenguas.

Creo que muchas personas son bautizadas con el Espíritu Santo y no hablan en lenguas. No creo que sea porque no pueden, sino porque les han enseñado que no lo hagan o quizá no desean el estigma que lamentablemente se relaciona con este don. Te ruego que no tengas miedo del buen don de Dios.

El poder exterior solo proviene de la
pureza interna que nos transforma en
hombres y mujeres nuevos.

Si realmente quieres experimentar la vida del Espíritu de Dios como Él la imaginó, entonces debes abrir continuamente todos los rincones de tu corazón a Él, para que te transforme con su poder.

La vida en
el Espíritu

PALABRA DE DIOS PARA TI

*Lo cual también hablamos, no con palabras
enseñadas por sabiduría humana, sino con las
que enseña el Espíritu [Santo], acomodando lo
espiritual a lo espiritual [combinando e
interpretando verdades espirituales con lenguaje
espiritual para quienes
poseen el Espíritu Santo].*

1 CORINTIOS 2:13

Parte Cuatro

LA VIDA EN EL ESPÍRITU

e enseñaron que el bautismo en el Espíritu Santo, hablar en lenguas y los otros dones del Espíritu, y las señales y prodigios, se habían terminado con la iglesia primitiva. Lamentablemente, esto es casi cierto, pero nunca fue la voluntad de Dios, ni su intención. Él siempre ha tenido un remanente de gente, en algún lugar de la Tierra, que aún cree en todo lo que la Biblia enseña, y es a través de ese remanente que Él mantuvo viva la verdad.

Si tú eres una de los que no creían estas cosas, por favor, continúa leyendo y estudia por ti misma la Palabra de Dios. La mayoría de las personas tienen un poco de miedo de las cosas que no comprenden. No comprendemos el ámbito sobrenatural, pero somos creados por Dios de tal manera que lo anhelamos. Todos tenemos interés por lo sobrenatural, y si nuestra necesidad no es satisfecha por Dios, Satanás intentará darnos una imitación falsa.

Dios me dio una experiencia extraordinaria con el bautismo en el Espíritu Santo, y fui llena hasta rebosar. Eso fue hace más de veinticinco años, y jamás he vuelto a ser la misma desde entonces. Dios hará lo mismo por ti… si se lo pides.

*La vida en el Espíritu te dará una comunión
más estrecha y una intimidad con Dios
como nunca has conocido antes.*

PALABRA DE DIOS PARA TI

Y después de esto derramaré mi Espíritu sobre toda carne, y profetizarán vuestros hijos y vuestras hijas; vuestros ancianos soñarán sueños, y vuestros jóvenes verán visiones. Y también sobre los siervos y sobre las siervas derramaré mi Espíritu en aquellos días.

JOEL 2:28-29

LA VIDA BAJO EL NUEVO PACTO

El Antiguo Pacto era un pacto de obras, basado en hacer todo nosotros: luchar, esforzarnos y trabajar duro para ser aceptables ante Dios. Nos deja atrapados en las obras de la carne. Esa clase de pacto nos roba el gozo y la paz.

Pero recuerda que el Nuevo Pacto es un pacto de gracia, que no está basado en lo que podemos hacer, sino en lo que Cristo ya ha hecho por nosotros. Por lo tanto, somos justificados por nuestra fe, no por nuestras obras. Esto es tan maravilloso, porque nos quita toda la presión de tener que hacer las cosas. Podemos dejar de lado nuestros esfuerzos externos y permitir que Dios obre a través de nosotros por el poder de su Santo Espíritu en nuestro interior.

En resumen, el Antiguo Pacto nos lleva a la esclavitud, el Nuevo Pacto nos da libertad. La llenura del Espíritu Santo es diferente de cualquier otra cosa que podamos experimentar. Nos permite ser lo que se supone que debemos ser para Dios, y luego hacer lo que se supone que debemos hacer.

La vida en el Espíritu es un emocionante viaje de vivir en la presencia de Dios y estar satisfechos con Dios mismo.

---

*Dios quiere dar un refresco a tu vida,
como un viento potente. No dejes que la pobreza
invada tu alma cuando la respuesta vive dentro de ti.*

PALABRA DE DIOS PARA TI

*Porque por gracia [favor inmerecido de Dios]
sois salvos [librados del juicio y hechos
partícipes de la salvación de Cristo] por medio
de la [vuestra] fe; y esto [esta salvación] no de
vosotros [no por obra vuestra, no por vuestros
propios esfuerzos], pues es don de Dios; no por
obras [no por el cumplimiento de las exigencias
de la ley], para que nadie se gloríe. [No es
resultado de lo que una persona pueda llegar a
hacer, para que nadie se enorgullezca de ello ni
tome la gloria para sí].*

EFESIOS 2:8-9

EL ESPÍRITU
DE GRACIA

*H*ebreos 10:29 nos dice que es el Espíritu Santo quien imparte gracia, el favor y la bendición inmerecidos de Dios.

La gracia es el poder del Espíritu Santo que está a nuestro alcance para que hagas fácilmente lo que no puedes hacer por mucho que te esfuerces. Pero, primero, es el poder que te permite estar bien con Dios de modo que llegues a convertirte en su hogar, el hogar del Espíritu Santo. Con el Espíritu Santo dentro de ti, puedes buscar en tu interior el poder del Espíritu de gracia, para hacer lo que no puedes hacer esforzándote con tu propio poder.

El Espíritu Santo nos ministra gracia de Dios el Padre. La gracia es, en realidad, el poder del Espíritu Santo que fluye del trono de Dios hacia las personas, para salvarlas y permitirles vivir vidas santas, y para cumplir la voluntad de Dios.

No podemos regocijarnos en la vida si no hay gracia. Con la gracia de Dios la vida puede ser vivida con tranquilidad y sin esfuerzo, de manera que produce una abundancia de paz y gozo.

*Cuando Dios hace los cambios, Dios se lleva
la gloria. No nos permite cambiarnos a nosotros mismos.
Simplemente, tenemos que pedirle a Él que nos cambie
y permitir que su gracia haga la obra en nosotros.*

PALABRA DE DIOS PARA TI

Si sois vituperados [censurados] por [porque llevéis] el nombre de Cristo, sois bienaventurados [felices, afortunados, envidiables, con gozo de vida y satisfacción en el favor y la salvación de Dios, a pesar de vuestra situación externa], porque el glorioso Espíritu de Dios reposa sobre vosotros. Ciertamente, de parte de ellos, él es blasfemado, pero por vosotros es glorificado.

1 PEDRO 4:14

El Espíritu de gloria

*P*edro señala que el Espíritu de Dios, el Espíritu de gloria, descansa sobre nosotros cuando somos vituperados por el nombre de Cristo. Pensamos que es horrible que las personas nos maltraten por ser cristianos, pero Dios lo ve bajo una luz completamente diferente. Dios nunca espera que suframos por Él sin darnos su ayuda. Podemos creer firmemente que en cualquier momento que seamos vituperadas o maltratadas a causa de nuestra fe en Cristo, Dios nos da una medida extra de su Espíritu para equilibrar el ataque. Hay poder para vencer.

Cuando tenemos el Espíritu de Dios en nuestras vidas, podemos mantener nuestra paz y nuestro gozo, aunque atravesemos circunstancias difíciles. Como Sadrac, Mesac y Abed-nego en Daniel 3:21-27, podemos entrar en el horno de fuego, es decir, en medio de nuestros problemas y luchas, y salir sin siquiera tener olor a humo.

Cuando la gloria de Dios se manifiesta en tu vida, los demás te miran y dicen: "¡Vaya, qué grande es el Dios a quien sirves!", porque el poder de su bondad hacia ti es evidente para ellos. Dios quiere maravillarlos mucho más aún, tanto a ti como a ellos.

Recibe al Espíritu de gloria en tu vida, y te entusiasmarás por ver la gloria de Dios levantarse sobre ti en las circunstancias difíciles que debas vivir.

PALABRA DE DIOS PARA TI

Así también está escrito: Fue hecho el primer hombre Adán alma viviente [una personalidad individual]; el postrer Adán [Cristo], espíritu vivificante [que restaura la vida a los muertos]. Mas lo espiritual no es primero, sino lo animal [físico]; luego lo espiritual. El primer hombre es de la tierra, [con mentalidad] terrenal; el segundo hombre, que es el Señor, es del cielo.

Cual el terrenal, tales [son] también los terrenales [con mentalidad terrenal]; y cual el celestial, tales también [son] los celestiales [con mentalidad celestial]. Y así como hemos traído la imagen del [hombre] terrenal, traeremos también la imagen del [Hombre] celestial.

1 CORINTIOS 15:45-49

EL ESPÍRITU DE VIDA

Cuando Dios creó a Adán, este era una forma sin vida sobre la Tierra hasta que Dios respiró en él el aliento de vida, y se convirtió en un alma viviente. En 1 Corintios 15:45 dice: *"Fue hecho el primer hombre Adán alma viviente [una personalidad individual]..."*. Adán andaba junto a Dios, hablaba con Él y creía en Él.

El versículo continúa diciendo que Jesús, *"el postrer Adán [fue hecho], espíritu vivificante [que restaura la vida a los muertos]"*. Dios nos da vida física primero, y luego la espiritual. Este renacimiento espiritual es dado a quienes ponen su confianza en Dios, creen que Jesús pagó el precio por sus pecados y murió por quienes sinceramente se arrepienten de sus pecados, cambian sus pensamientos para mejor, y enmiendan sus caminos.

Cuando recibimos a Cristo como nuestro Salvador, el Espíritu de vida viene a vivir dentro de nosotros, y recibimos vida en nuestro espíritu. Él ha venido para que podamos experimentar una vida llena del poder del Espíritu de Dios, una vida con una mentalidad celestial, como la que vivió Jesús.

---

*Jesús es la Luz del mundo, y su Espíritu
es el Espíritu de vida que absorbe a la muerte
y todo lo que trata de derrotarnos.*

PALABRA DE DIOS PARA TI

*Pero cuando venga el Espíritu de verdad
[el Espíritu que da la Verdad], él os guiará a
toda la verdad [la verdad completa, entera];
porque no hablará por su propia cuenta
[su propio mensaje, con su propia autoridad],
sino que hablará todo lo que oyere [del Padre;
dará el mensaje que le ha sido dado a Él], y os
hará saber las cosas que habrán de venir
[que sucederán en el futuro].*

JUAN 16:13

EL ESPÍRITU DE VERDAD

*E*n Juan 16:13 Jesús mismo se refiere al Espíritu Santo como el Espíritu de verdad. El Espíritu Santo fue enviado para guiarnos a toda verdad después que Jesús partiera al cielo tras morir, ser sepultado y resucitar. En el versículo anterior Jesús les dijo a sus discípulos: *"Aún tengo muchas cosas que deciros, pero ahora no las podéis sobrellevar"*. Les dijo que el Espíritu Santo continuaría revelándoles cosas a medida que ellos estuvieran listos para recibirlas.

Vivimos en un mundo lleno de personas que viven vidas falsas, que llevan máscaras y esconden cosas. Eso está mal. Pero la razón por la que sucede es que no se les ha enseñado cómo andar en la verdad. No tenemos por qué tener miedo de la verdad. Dios no nos va a dar una revelación por medio de su Espíritu, hasta que sepa que estamos preparados para recibirla.

Cuando el Espíritu de verdad nos da convicción de pecado, debemos devolverle esa palabra y confiar en que Él nos dará el poder para cambiar. La clave de la santidad no es la presión para comportarnos de otra manera, sino el poder para vivir.

Si somos suficientemente valientes y sabios como para recibir al Espíritu de verdad en cada área de nuestra vida, emprenderemos un viaje que nunca olvidaremos.

PALABRA DE DIOS PARA TI

Y de igual manera el Espíritu [Santo] nos ayuda en nuestra debilidad; pues qué hemos de pedir como conviene, no lo sabemos [no sabemos qué oración ofrecer, ni cómo ofrecerla dignamente, como deberíamos], pero el Espíritu mismo intercede por nosotros [toma nuestra súplica y ruega por nosotros] con gemidos indecibles. Mas el que escudriña los corazones sabe cuál es la intención del Espíritu [sabe qué hay en la mente del Espíritu Santo], porque conforme a la voluntad de Dios [y en armonía con ella] intercede [ante Dios] por los santos.

ROMANOS 8:26-27

EL ESPÍRITU DE SÚPLICA

*S*egún Zacarías 12:10, el Espíritu Santo es el Espíritu de súplica. Esto significa que es el Espíritu de oración. Cada vez que sentimos deseos de orar, es el Espíritu Santo quien nos da ese deseo. Quizá no nos demos cuenta de cuántas veces el Espíritu Santo nos lleva a orar. Quizá simplemente nos preguntemos por qué determinada persona o determinada situación nos viene tanto a la mente. Frecuentemente pensamos en alguien y, en lugar de orar, continuamos pensando.

Reconocer cuándo somos guiados por el Espíritu Santo a orar, es una lección que suele llevar mucho tiempo aprenderla. Esto es porque atribuimos demasiadas cosas a la coincidencia o a la suerte, en lugar de darnos cuenta de que Dios trata de guiarnos por medio de su Espíritu.

Cuando Dios nos da una carga por alguien, quiere usarnos como sus ministros y representantes, pero debemos aprender a ser más sensibles al Espíritu de súplica. El Espíritu Santo no solo nos lleva a orar; también nos ayuda a orar. Él nos muestra cómo orar cuando no sabemos por qué orar.

Recibe al Espíritu de súplica en tu vida y permite que el ministerio de oración se cumpla a través de ti. Es maravilloso ver los milagros que se producen en respuesta a la oración.

PALABRA DE DIOS PARA TI

*Pues no habéis recibido el espíritu de esclavitud
para estar otra vez en temor, sino que habéis
recibido el espíritu de adopción [el Espíritu que
nos hace hijos], por el cual [en la bendición del
cual] clamamos: ¡Abba, Padre!*

ROMANOS 8:15

*Pero Dios, que es rico en misericordia, por su
gran [intenso, maravilloso] amor con que nos
amó, aun estando nosotros muertos
[asesinados] en pecados [por nuestros propios
pecados], nos dio vida juntamente con Cristo
[nos dio la vida de Cristo mismo, la misma
nueva vida con la que lo resucitó] (por gracia
[su favor y su misericordia, que no merecíais]
sois salvos [librados del juicio y hechos
partícipes de la salvación de Cristo]).*

EFESIOS 2:4-5

El Espíritu de adopción

*P*ablo nos enseña que el Espíritu Santo es el Espíritu de adopción. La palabra "adopción" significa que somos incorporados a la familia de Dios, aunque antes éramos extraños, no estábamos emparentados con Dios de ninguna forma. Éramos pecadores que servíamos a Satanás, pero Dios, en su gran misericordia, nos redimió y nos compró con la sangre de su propio Hijo.

Entendemos la adopción en el sentido natural. Sabemos que algunos niños que no tienen padres son adoptados por personas que los eligen con un propósito, y los toman como propios. ¡Qué honor ser elegidos con propósito por quienes quieren derramar su amor en ellos!

Esto es exactamente lo que Dios hizo por nosotros como creyentes en Cristo. Gracias a lo que Jesús hizo por nosotros en la cruz, ahora somos, eternamente, parte de su familia, y su Espíritu mora en nuestro espíritu y clama al Padre. Dios el Padre decidió antes que se echaran los fundamentos del mundo, que cualquier persona que amara a Cristo sería amada y aceptada por Él como hija suya. Decidió que adoptaría a todos los que recibieran a Jesús como su Salvador. Y nos convertimos en herederos de Dios, coherederos con su Hijo, Jesucristo.

El conocimiento de nuestra relación filial
con Dios es lo que nos da osadía para presentarnos
delante de su trono y hacerle conocer nuestros pedidos.

PALABRA DE DIOS PARA TI

*[En cuanto a su naturaleza divina] Fue
declarado Hijo de Dios [el Mesías, el Ungido]
con poder [en forma notable, triunfante y
milagrosa], según el Espíritu de santidad, por
la resurrección de entre los muertos.*

ROMANOS 1:4

EL ESPÍRITU DE SANTIDAD

*E*l Espíritu Santo es llamado así porque es la santidad de Dios, y porque es tarea suya producir esa santidad en todos quienes creen en Jesucristo como Salvador.

En 1 Pedro 1:15-16 leemos: *"Sino, como aquel que os llamó es santo, sed también vosotros santos en toda vuestra manera de vivir; porque escrito está: Sed santos, porque yo soy santo"*. Dios nunca nos diría que fuéramos santos si no nos diera la ayuda que necesitamos para serlo. Un espíritu no santo jamás podría hacernos santos, así que Dios envía a su Santo Espíritu a nuestro corazón para hacer una obra completa y profunda. El Espíritu Santo continuará obrando en nosotros mientras estemos sobre esta Tierra. Dios odia el pecado, y cada vez que lo encuentra en nosotros, rápidamente comienza a trabajar para limpiarnos de él.

El Espíritu Santo también es el Espíritu de juicio y el Espíritu que quema, lo cual se relaciona con el hecho de que es el Espíritu de santidad. Él juzga el pecado que hay en nosotros y lo quema para sacarlo de nosotros. No es muy agradable, en cuanto a lo que sentimos, pero finalmente nos lleva al estado en que Dios desea que estemos para poder glorificarlo.

No seas un cristiano transigente que tiene un pie en el mundo y otro en el reino de Dios. Por el contrario, arde de pasión por Dios y permite que su Espíritu de santidad te refine como al oro puro.

Debemos ser epístolas vivas,
leídas por todos los hombres.
Debemos ser luces que brillen en
un mundo oscuro. Para lograrlo,
tenemos que ser personas íntegras,
de carácter, personas moldeadas
a la imagen de Jesús.

Cambiadas a su semejanza

PALABRA DE DIOS PARA TI

*Entonces dijo Dios [Padre, Hijo y Espíritu
Santo]: Hagamos al hombre a nuestra imagen,
conforme a nuestra semejanza; y señoree en los
peces del mar, en las aves de los cielos, en las
bestias, en toda la tierra, y en todo animal que
se arrastra sobre la tierra.*

GÉNESIS 1:26

*Hijitos míos, por quienes vuelvo a
sufrir dolores de parto, hasta que Cristo sea
formado [completa y permanentemente
moldeado] en vosotros.*

GÁLATAS 4:19

Parte Cinco

CAMBIADAS A SU SEMEJANZA

uando Dios dijo: "Hagamos al hombre a nuestra imagen", no se refería a una imagen física, sino a una similitud de carácter. Quería decir que íbamos a tomar su naturaleza, su carácter, como los refleja su Hijo, Jesús. El poder espiritual fluye a nuestras vidas y, a través de ellas, al mundo que nos rodea, en la medida que somos transformadas a su imagen y semejanza.

Llegar a ser como Cristo debería ser la meta más importante de todo creyente. Es nuestro más elevado llamado en la vida. Deberíamos desear el poder espiritual en nuestra vida para poder manejar las situaciones como las manejaría Jesús, y tratar a las personas como Él las trataría. Deberíamos querer hacer las cosas como Él las haría.

Jesús es nuestro ejemplo. En Juan 13:15 dijo a sus discípulos, después de lavar sus pies como si fuera un siervo: *"Porque ejemplo os he dado, para que como yo os he hecho, vosotros también hagáis"*. Pedro nos dice en 1 Pedro 2:21: *"Pues para esto fuisteis llamados [es inseparable de vuestra vocación]; porque también Cristo padeció por nosotros, dejándonos [su personal] ejemplo, para que sigáis sus pisadas"*. Tratemos de seguir con humildad estas magníficas pisadas.

*Dios va a continuar trabajando en cada uno
de nosotras hasta que lleguemos al punto
en que actuemos como actuaría Jesús,
en cada situación de la vida.*

PALABRA DE DIOS PARA TI

Estando persuadido de esto, que el que comenzó en vosotros la buena obra, la perfeccionará [la desarrollará hasta que llegue a su plenitud] hasta el día de Jesucristo [hasta el mismo día de su regreso].

FILIPENSES 1:6

MOLDEADAS A SU IMAGEN

Según la Biblia, Dios es el Alfarero, y nosotros el barro (Romanos 9:20-21). Somos como un montón de barro frío y duro que no es muy maleable ni fácil de trabajar. Pero Él nos pone en su rueda y comienza a reformarnos y rehacernos, porque no le agrada aquello en lo que nos hemos convertido.

Algunas veces ese proceso de moldeado es muy doloroso para nosotros. La razón por la que es tan doloroso, es que no encajamos en el molde en que Dios trata de introducirnos. Así que comienza a trabajar en nosotros, quitando esta mala actitud y aquel pensamiento errado, remodelándonos y reformándonos hasta que, gradualmente, somos cambiadas a la semejanza de su Hijo.

No te desanimes porque aún no has llegado. Puedes vivir en poder espiritual mientras mantengas la actitud de continuar avanzando. Mientras te esfuerces por colaborar con Dios, Él se agradará de ti. Disfruta tu vida en el Espíritu ahora, en el camino hacia donde Dios te está transformando. Permite que el Alfarero haga su obra y te cambie de gloria en gloria.

Dios no quiere que nos enmohezcamos, sino que seamos moldeadas a la imagen de su Hijo. Recuerda: ¡Dios continuará dándote forma hasta que Jesús regrese a esta Tierra!

PALABRA DE DIOS PARA TI

*Y no sólo esto, sino que también nos gloriamos
en las tribulaciones [¡podemos ser llenos de gozo
y triunfar ahora también!], sabiendo que la
tribulación [la presión y la aflicción]
produce paciencia [fortaleza]; y la paciencia,
prueba [un carácter de fe aprobada e integridad
comprobada]; y la prueba [de este carácter
produce el hábito de la gozosa y confiada]
esperanza [de salvación eterna]; y la esperanza
no avergüenza [ni decepciona]; porque el amor
de Dios ha sido derramado en nuestros
corazones por el Espíritu Santo que nos fue dado.*

ROMANOS 5:3-5

EL DESARROLLO DEL CARÁCTER

*D*ios quiere restaurar todo nuestro carácter para la piedad. El hábito forma el carácter.

Los hábitos se forman por la disciplina o por la falta de disciplina. Nuestro carácter es, básicamente, lo que hacemos una y otra vez. Es lo que otras personas llegan a esperar de nosotros, como llegar puntualmente o reaccionar de una determinada forma en una determinada circunstancia. Saben que pueden o no pueden contar con nosotros en determinada área. Con el tiempo, los hábitos se vuelven parte de nuestro carácter.

No debemos ser legalistas en cuanto a los asuntos de carácter, sino esforzarnos por desarrollar nuestro carácter en aquellas áreas en que sabemos que tenemos problemas. Los cambios de carácter se producen si desarrollamos nuevos hábitos. Debemos comprometernos a cambiar los hábitos incorrectos cada vez que los confrontamos.

El carácter piadoso tiene mucho que ver con la disciplina y con los hábitos que formamos. Así como podemos desarrollar el hábito de llegar puntualmente a un lugar, podemos desarrollar el hábito de escuchar o dar a los demás. Podemos elegir ser amables y cordiales, recortar nuestros gastos, cuidar las palabras que decimos, orar y dar gracias. Todo tiene que ver con que nuestra vida sea moldeada a la imagen de Cristo.

El poder de Dios fluye a través de las personas fieles, que son fieles tanto en el desierto como en la Tierra Prometida.

PALABRA DE DIOS PARA TI

*El cual no hizo pecado, ni se halló engaño en su
boca; quien cuando le maldecían [insultaban],
no respondía con maldición; cuando padecía
[abusos], no amenazaba, sino encomendaba [a
sí mismo y todo lo relativo a su causa] la causa
al que juzga justamente.*

1 PEDRO 2:22-23

CARISMA NO ES IGUAL A CARÁCTER

Según el diccionario, una definición de carisma es "gran magnetismo personal; ENCANTO", pero carácter es "fortaleza moral o ética; INTEGRIDAD". Hay muchas personas que tienen carisma, pero no carácter. Muchos tienen un don encantador que los lleva a ocupar lugares que no pueden mantener porque no tienen carácter. Vemos esto continuamente en la vida y en la iglesia.

Nuestro carácter se revela en lo que hacemos cuando nadie nos ve. Este fue un punto clave en mi vida, y es una clave para andar en poder espiritual con Dios. Muchas personas hacen lo correcto cuando los demás las miran, pero no cuando solo Dios las ve. Como cristianos, nuestro compromiso debería ser hacer lo correcto simplemente porque es lo correcto.

El carácter se ve también cuando tratamos a los demás de la manera correcta, aunque a nosotros no nos traten así. Como lo demostró Jesús, una prueba de nuestro carácter es: ¿tratamos bien a una persona que no nos trata bien a nosotros? ¿Bendecimos a quien no nos bendice? Todo se resume en lo que tenemos en nuestro corazón, si confiamos en Aquel que juzga justamente.

Nuestro carácter se ve en cuánta fuerza tenemos para hacer lo correcto, aunque no sintamos deseos de hacerlo.

PALABRA DE DIOS PARA TI

*La integridad de los rectos los encaminará
[guiará]; pero destruirá a los pecadores la
perversidad [oposición voluntaria] de ellos.*

PROVERBIOS 11:3

*Levántate [de la depresión y postración en que
te han mantenido las circunstancias; ¡levántate
a una nueva vida!], resplandece [irradia el
brillo de la gloria del Señor]; porque ha venido
tu luz, y la gloria de Jehová ha nacido sobre ti.
Porque he aquí que tinieblas cubrirán la tierra,
y oscuridad [todas] las naciones; mas sobre ti
[oh Jerusalén] amanecerá Jehová, y sobre ti
será vista su gloria.*

ISAÍAS 60:1-2

INTEGRIDAD PERSONAL

*V*ivimos en una sociedad que ha perdido hasta tal punto su sentido de los valores morales que, muchas veces, ni siquiera se practica la decencia común. Nuestro mundo ya no honra a Dios, y no lo preocupa la integridad. Sea que se trate de engañar o cometer fraude, o decir medias verdades o exageraciones que lleven a los demás a pensar algo que no es cierto, nuestra cultura está saturada con las mentiras del enemigo.

Como creyentes, vivimos en el mundo, pero no debemos ser del mundo (Juan 17:11, 14). Si queremos andar en poder espiritual, no podemos ceder en nuestra integridad y hacer lo que hace el mundo. La integridad es "la firme adhesión a un código o pauta de valores". Nuestro código es la Palabra de Dios. Hay ciertas cosas que los hijos de Dios ni siquiera consideraríamos hacer, pero transigimos en demasiadas cosas. Hay cosas que hacemos, que Jesús no haría, y Él es nuestra pauta de integridad.

Integridad es comprometerse a una vida de excelencia, porque nuestro Dios es excelente. Es hacer lo correcto todas las veces, cueste lo que costare.

En el cuerpo de Cristo debemos guardarnos de tener hojas sin tener fruto (Mateo 21:9), una espiritualidad falsa, palabras huecas y fórmulas sin vida.

PALABRA DE DIOS PARA TI

Apártate del mal, y haz el bien; busca
[pregunta por, anhela] la paz, y
síguela [¡ve tras ella!].

SALMOS 34:14

EL PODER DE LA PAZ

*D*avid nos indica que sigamos y busquemos la paz, que la anhelemos y vayamos tras ella. Si queremos estar donde fluye el poder de Dios, esto no sucederá si nos sentimos constantemente frustradas y estresadas. Si esto es lo que sucede en tu vida, quizá debas quitar algunas cosas de ella.

Si quieres que la paz de Dios inunde tu vida, no puedes ir más allá de tu límite. Nadie dice que tengas que hacer todo lo que estás haciendo. Comienza a mirar tu vida, fíjate en todos los compromisos que no dan ningún fruto, y pódalos. Tú eres la que arma tu agenda, y tú eres la única que puede cambiarla.

Es tan importante no comprometernos a más de lo que podemos hacer. Debemos seguir la guía de Dios en cuanto de qué cosas participar y cómo usar nuestra energía. Esto incluye los compromisos de nuestros hijos. Los niños no tienen por qué hacer todo lo que quieren hacer, y no puedes permitirles que te controlen a ti y controlen tu familia.

Satanás trabaja horas extras para hacer que perdamos la paz y para apartarnos de la fe. Descansa en la seguridad de que Dios está con nosotros en todo lo que enfrentamos.

Debemos aprender a decir que sí cuando Dios
dice que sí, y no cuando Él dice no. Solo en la
medida que seamos obedientes a su guía, podremos
andar en poder espiritual.

PALABRA DE DIOS PARA TI

Por lo cual, desechando toda inmundicia y abundancia de malicia, recibid con mansedumbre [suavidad, modestia] la palabra implantada [y arraigada en vuestros corazones], la cual puede [tiene poder para] salvar vuestras almas.

SANTIAGO 1:21

Porque la palabra de Dios [la Palabra que Dios habla] es viva y eficaz [con un poder que la hace activa, operativa, energizante y efectiva], y más cortante que toda espada de dos filos; y penetra hasta partir el alma y el espíritu [inmortal], las coyunturas y los tuétanos [las partes más profundas de nuestra naturaleza], y discierne [expone, analiza y juzga] los pensamientos y las intenciones del corazón

HEBREOS 4:12

EL PODER EN LA PALABRA

*D*ios no termina de obrar en una persona cuando esta es llena del Espíritu Santo. De hecho, solo ha comenzado. La herramienta que el Espíritu Santo usa para producir una grandiosa transformación en nuestro carácter, es la Palabra de Dios.

La obra del diablo en la vida del creyente está basada en el engaño, que se produce cuando creemos mentiras. Mientras yo crea algo que no es cierto, continuaré siendo engañada y no tendré poder. Cuando la Palabra de Verdad de Dios descubre esas mentiras, la verdad nos hace libres.

Solo la Palabra de Dios tiene este poder, y solo Dios puede cambiarnos. La Palabra pone al descubierto motivos equivocados, pensamientos equivocados y palabras equivocadas. La verdad nos hace libres de la culpa, del autorrechazo, de la condenación, del odio a nosotras mismas, de las obras de la carne y de toda mentira que hemos creído y traído a nuestra vida. Dios quiere salvarnos y liberar a toda nuestra alma de la corrupción.

Una espada envainada no sirve de mucho. Debe ser desenvainada y utilizada adecuadamente. La Palabra de Dios es la espada del creyente, y debemos aprender a aplicarla diariamente, introduciéndola en nuestro corazón y hablándola con nuestra boca. El creyente que hace esto es una gran amenaza para Satanás y una dínamo para Dios.

Ama la Palabra, estudia la Palabra, aprende la Palabra.

Palabra de Dios para ti

*Por esto orará a ti todo santo
en el tiempo en que puedas ser hallado;
ciertamente en la inundación de muchas aguas
[de las pruebas] no llegarán éstas a él
[al espíritu en su interior].*

Salmos 32:6

*El que habita al abrigo del Altísimo morará
bajo la sombra del Omnipotente [cuyo poder
ningún enemigo puede superar].*

Salmos 91:1

EL PODER EN LA ORACIÓN

*E*s simple: si no pasamos tiempo con Dios, nos estamos apartando de su poder. David nos dice que es en el lugar secreto de la presencia de Dios que tenemos protección. Cuando pasamos tiempo con el Señor en oración y en su Palabra, estamos en el lugar secreto. Es un lugar de paz y seguridad donde podemos entregarle nuestras preocupaciones y confiar en que Él cuidará de nosotras.

Realmente necesitamos entender la maravilla de la presencia de Dios y lo que tenemos a nuestro alcance como creyentes. ¿Por qué no queremos pasar tiempo con Dios? Aun Jesús se levantaba temprano por la mañana para estar a solas con Dios. Él sabía el valor que tiene estar en la presencia de Dios.

Dedica una parte de tu tiempo a estar con Dios. Trata de no tomarlo de manera legalista, pero sí de hacerlo con la mayor frecuencia posible. Tómate un tiempo para leer la Biblia y cualquier otro libro cristiano que te ministre. Habla con Dios. Algunas veces querrás escuchar música cristiana de adoración; otras veces, quizá simplemente quieras estar sentada allí, en su presencia, y disfrutar del silencio. Abre tu corazón y permite que su presencia entre en tu vida.

Cuando pasas tiempo en el lugar secreto de la presencia de Dios, te conviertes de lo que eres en lo que solo Él puede lograr que seas.

PALABRA DE DIOS PARA TI

[El Siervo del Señor dice:] Jehová el Señor me
dio lengua de sabios [de un discípulo, uno que
es enseñado], para saber hablar palabras
[oportunas] al cansado; [Él me]
despertará mañana tras mañana, despertará mi
oído para que oiga como los sabios
[como los que son enseñados].

ISAÍAS 50:4

EL PODER EN LAS PALABRAS

*L*as palabras son increíbles. Son recipientes de poder. Dios creó la Tierra con sus palabras (Hebreos 11:3). El Espíritu Santo cambia las vidas con palabras. Se puede alentar o desalentar a una persona con palabras. Se rompen matrimonios porque las personas no dicen las palabras adecuadas.

Jesús dijo que sus palabras son espíritu y son vida (Juan 6:63). Pero las palabras también pueden hablar muerte, cuando son palabras que ponen una carga sobre ti.

Debemos aprender a usar nuestra boca para el propósito que Dios la creó. Él nos la dio para que amemos a las personas con nuestras palabras de aliento, positivas, que den vida. Nos la dio para que lo alabemos y le demos gracias. Hablarle la palabra adecuada a una persona, en el momento justo, puede cambiar por completo su vida. Las palabras tienen poder.

Por eso es que conocer la Palabra de Dios es tan importante. Debemos estudiarla, aprenderla y hablarla según nuestra necesidad y nuestra situación. Por ejemplo, si te sientes deprimido, no digas: "Estoy deprimido". Toma la Palabra de Dios y di: *"¿Por qué te abates, oh alma mía, y te turbas dentro de mí? Espera en Dios"*. Te sorprenderá enormemente cómo tu vida cambia si tú cambias tu forma de hablar.

Elige ser vocero de Dios, y cierra la puerta al diablo.

*La gran responsabilidad que
conlleva el ser cristiano es llevar
una vida íntegra; es poner en
práctica lo que predicamos, aunque
nadie lo note.*

Dar fruto
espiritual

PALABRA DE DIOS PARA TI

Guardaos de los falsos profetas, que vienen a vosotros con vestidos de ovejas, pero por dentro son lobos rapaces. Por sus frutos los conoceréis. ¿Acaso se recogen uvas de los espinos, o higos de los abrojos? Así, todo buen árbol [sano] da buenos frutos [dignos de admiración], pero el árbol malo [corrompido, sin valor] da frutos malos [inútiles]. No puede el buen árbol [sano] dar malos frutos [inútiles], ni el árbol malo [enfermo] dar frutos buenos [dignos de admiración]. Todo árbol que no da buen fruto, es cortado y echado en el fuego. Así que, por sus frutos los conoceréis.

MATEO 7:15-20

Parte Seis

DAR FRUTO ESPIRITUAL

 urante mis primeros años de ministerio pasé gran parte del tiempo que dedicaba a la oración, pidiéndole a Dios que los dones del Espíritu se manifestaran de manera especial a través de mí. Para ministrar con poder, sin duda, los necesitaba. Todos los necesitamos. Pero no le prestaba mucha atención al fruto del Espíritu. Entonces un día, el Señor me dijo: "Joyce, si hubieras dedicado al menos la mitad de la energía y el tiempo que dedicaste a orar por los dones, a orar por el fruto del Espíritu y tratar de desarrollarlo, ya tendrías ambas cosas".

Como cristianos, muchos oramos para que Dios se mueva con poder a través de nosotros para ayudar a los demás, y Dios quiere que oremos de esa forma. Él pone a nuestra disposición dotes especiales de energía sobrenatural que la Biblia llama "dones", justamente con ese propósito. Pero creo que nuestra primera prioridad debe ser desarrollar el fruto del Espíritu.

Somos conocidos por nuestro fruto, no por nuestros dones. Somos conocidos como seguidores de Jesús por nuestro amor los unos por los otros y, por nuestro fruto, hacemos conocer a Jesús. Mostrar el fruto del Espíritu, la naturaleza de Dios, es mostrar el carácter de Jesucristo.

Cuando las personas prueban nuestro fruto, y ven que es bueno, quieren encontrar el origen de ese fruto, ese árbol de la vida. Debemos mostrarles que lo que tenemos es real, para que nos escuchen.

PALABRA DE DIOS PARA TI

Mas el fruto [la obra que su presencia en nuestro interior produce] del Espíritu [Santo] es amor, gozo [alegría], paz, paciencia [un temperamento templado, la capacidad de soportar], benignidad, bondad [benevolencia], fe, mansedumbre [humildad], templanza [dominio propio, continencia]; contra tales cosas no hay ley [que pueda acusarnos].

GÁLATAS 5:22-23

EL FRUTO DEL ESPÍRITU

*D*ebemos salir al mundo y permitir que el Espíritu Santo fluya a través de nosotros para mostrar el amor de Dios, su gozo, paz, paciencia, benignidad, bondad, fe, mansedumbre y templanza, y ayudar a las personas con los dones que Él nos da. Al concentrarnos en la importancia que Dios da a desarrollar el fruto de su Espíritu, veremos que se abre de par en par la puerta para poner en práctica nuestros dones.

Cuando el Espíritu Santo vive dentro de nosotros, tenemos todo lo que Él tiene. Su fruto está en nosotros. La semilla ha sido plantada. Debemos permitir que la semilla del fruto crezca y madure en nosotros, cultivarla.

Podemos cultivar todo el fruto si prestamos especial atención al amor y la templanza –dominio propio– primero y último de la lista. Todo el fruto brota del amor y es una forma de amor, pero el dominio propio lo mantiene en su lugar. Si nos concentramos en desarrollar el fruto del amor, no perderemos la paciencia ni seremos rudos con las personas. Seremos buenos con ellas, les daremos nuestro apoyo y seremos fieles. El dominio propio nos ayuda a tomar esas pequeñas decisiones durante el día, de responder con el fruto, de tal manera que pronto se forma el hábito. Si continuamos cultivándolo, llegaremos a tener una vida excepcional en el Espíritu.

---

*Cuando nos toman de sorpresa y nos "exprimen",
descubrimos cuánto se ha desarrollado nuestro fruto.*

PALABRA DE DIOS PARA TI

Y la esperanza no avergüenza [decepciona o engaña]; porque el amor de Dios ha sido derramado en nuestros corazones por el Espíritu Santo que nos fue dado.

ROMANOS 5:5

Y esto pido en oración, que vuestro amor abunde aun más y más en ciencia y en todo conocimiento [que vuestro amor se muestre en mayor profundidad de conocimiento y un discernimiento más amplio].

FILIPENSES 1:9

EL PODER DEL AMOR

*A*un cuando practiquemos los más excelsos dones espirituales, si no tenemos amor, no somos más que un ruido hueco, alguien que no le sirve para nada a nadie. El amor no es teoría ni palabras, sino obras. El amor es acción; es hacer lo que debe hacerse en cada situación.

Fíjate en tu forma de amar y examina tu vida: tus actitudes, tus pensamientos, lo que dices, cómo tratas a las personas. ¿Eres amable con los otros? ¿Qué haces por los demás? ¿Cómo tratas a las personas que no te tratan bien? Nuestra carne quizá no siempre sienta deseos de amar a los demás pero, si deseamos tener poder espiritual y vencer al enemigo, debemos decir: *"Ya no vivo yo, mas vive Cristo [el Mesías] en mí"* (ver Gálatas 2:20).

Tener un amor abundante es lo más excelente que podemos hacer. Y debemos hacer todo con un espíritu excelente. No podemos ser personas excelentes y no amar. ¿Cómo podemos decir que andamos en amor si no tratamos a los demás de manera excelente?

Tienes el Espíritu Santo para hacer lo correcto, no solo lo que tienes ganas de hacer.

Algunas personas creen que tienen que publicitar sus dones. No es así; lo que tienen que hacer es aprender a andar en amor. El árbol es conocido y juzgado por su fruto.

PALABRA DE DIOS PARA TI

*Como ciudad derribada y sin muro es el
hombre cuyo espíritu no tiene rienda.*

PROVERBIOS 25:28

EL PODER DEL DOMINIO PROPIO

*E*n el mundo actual no es demasiado popular ser cristiano. La actitud que las personas tienen hacia los cristianos, algunas veces, puede llegar a ser dolorosa, porque nos ven desde la perspectiva del mundo. Pero la contracara de esto es que los cristianos no siempre viven a la altura de lo que dicen creer.

No demostraremos ningún fruto del Espíritu ni andaremos en el poder de Dios si no tenemos dominio propio. El fruto del Espíritu no tiene que ver con lo que sentimos ganas de hacer, sino con lo que decidimos hacer. Dios nos da el dominio propio para que nos auto disciplinemos. Sin el dominio propio no podemos tener lo que deseamos.

Dios quiere ayudarnos a disciplinar nuestros pensamientos y nuestra boca. Quizá sientas que no tienes ninguna disciplina ni control, pero sí los tienes. Si el Espíritu de Dios vive en ti, allí está. Dios nos ha dado espíritu de poder y amor, y de una mente calmada y bien equilibrada, de disciplina y dominio propio (ver 2 Timoteo 1:7).

En la presencia de Dios, necesitamos el amor de Cristo para constreñirnos y atrapar nuestro corazón. Que todo lo que hagamos y digamos se convierta en una expresión del corazón amoroso de Dios.

Si lo que te guía en la vida son los sentimientos
y las emociones, puedes estar segura de que acabarás
en desastre. No tendrás victoria ni tomarás la decisión
de hacer lo que sabes que debes hacer.

PALABRA DE DIOS PARA TI

*Para que la justicia [los justos requerimientos]
de la ley se cumpliese en nosotros, que no
andamos conforme a la carne, sino conforme al
Espíritu [nuestras vidas no son regidas por las
pautas y los dictados de la carne, sino
controladas por el Espíritu Santo]. Porque los
que son de la carne [los que son según la carne
y son controlados por sus impuros deseos]
piensan en las cosas de [que gratifican a] la
carne; pero los que son del Espíritu [que son
según el Espíritu y controlados por los deseos
del Espíritu], en las cosas del [que gratifican
al] Espíritu [Santo].*

ROMANOS 8:4-5

ANDA EN EL ESPÍRITU

*E*l poder espiritual tiene un precio. Para andar en el Espíritu debemos decir que no a algunas cosas a las que quisiéramos decir que sí, y decir que sí a algunas cosas a las cuales preferiríamos decir que no. Debemos seguir la guía del Espíritu Santo por medio de nuestro propio espíritu.

Para andar en el Espíritu es necesario que permanezcamos llenos de Él. Esto se logra si elegimos continuamente los pensamientos correctos, la conversación correcta, las compañías correctas, la música correcta, los entretenimientos correctos, etc.

Para hacer la voluntad de Dios debemos estar dispuestas a sufrir. Si nuestra carne desea andar por un camino, y el Espíritu de Dios nos lleva por otro, la decisión consciente de obedecer provocará sufrimiento en la carne.

La buena noticia es que, si decidimos andar en el Espíritu diariamente, moriremos al egoísmo y lograremos libertad para servir a Dios. Experimentaremos justicia, paz y gozo en el Espíritu Santo. Viviremos en victoria, venga lo que viniere en nuestra contra. ¡Eso es vivir en poder!

Invierte en tu futuro: anda en el Espíritu.
Comienza a tomar las decisiones correctas.
Sé persistente y espera la bendición.

PALABRA DE DIOS PARA TI

*Y no contristéis [no ofendáis, no entristezcáis]
al Espíritu Santo de Dios, con el cual fuisteis
sellados [marcados, distinguidos
como posesión de Dios, asegurados] para el día
de la redención [de la liberación final por
medio de Cristo, del mal y de las
consecuencias del pecado].*

EFESIOS 4:30

No contristes al Espíritu

Yo tomo muy en serio los versículos como Efesios 4:30. No quiero entristecer al Espíritu Santo, pero ¿cómo puedo evitar hacerlo? Leer los versículos que rodean a este deja en claro que una cosa que entristece al Espíritu Santo es que nos tratemos mal unos a otros. En el versículo 29 se nos anima a edificar a los demás con las palabras de nuestra boca. El versículo 31 nos exhorta a no amargarnos, a no enfadarnos ni ser contenciosos, y a desechar la gritería, la maledicencia y la malicia. El versículo 32 nos dice que seamos bondadosos unos con otros, y que perdonemos de buena gana y gratuitamente.

Todo se resume en nuestro andar en amor y cómo el Espíritu Santo ha derramado abundantemente el amor de Dios en nuestros corazones. Es Él quien nos enseña y nos convence de las conductas equivocadas cuando tratamos mal a los demás. Oremos para tener ese tipo de corazón.

Cuando me di cuenta de que entristecía al Espíritu Santo cuando contestaba mal o era odiosa con alguien, o cuando estaba enfadada con alguien durante mucho tiempo, comencé a tomar más en serio esa clase de comportamientos. También me di cuenta de que lo que hacía, me entristecía a mí también. Me hacía sentir triste, deprimida, o tenía la sensación de que algo no andaba bien. Todas estas desobediencias son pecado, y entristecen al Espíritu, además de cortar nuestro poder espiritual.

He descubierto el secreto de estar feliz
siempre: andar en amor.

Palabra de Dios para ti

Dad gracias [a Dios] en todo [sean cuales fueren las circunstancias, sed agradecidos y dad gracias], porque esta es la voluntad de Dios para con vosotros [que estáis] en Cristo Jesús [Quien ha revelado esa voluntad y es Mediador de ella]. No apaguéis [reprimáis o aplaquéis] al Espíritu [Santo]. No menospreciéis las profecías [no le restéis valor a las revelaciones proféticas ni despreciéis las instrucciones, exhortaciones o advertencias inspiradas]. Examinadlo todo [hasta que podáis reconocer lo que es bueno]; retened lo bueno.

1 Tesalonicenses 5:18-21

NO APAGUES AL ESPÍRITU

*P*ablo nos dice que no apaguemos, suprimamos o aplaquemos al Espíritu. Según el diccionario, apagar es extinguir, reprimir significa detener (un flujo natural), y aplacar significa hacer menos intenso. Si apagamos un fuego, lo extinguimos. No queremos extinguir al Espíritu Santo; por el contrario, queremos asegurarnos de hacer todo lo posible para aumentar su actividad y su fluir en nuestra vida.

Los versículos anteriores de 1 Tesalonicenses 5:18 nos dan valiosa información sobre el andar en poder espiritual. Según estos versículos, es claro que nuestra actitud es muy importante. Tiene que ver con cómo actuamos, las pautas de comportamiento que demostramos. Nuestra actitud implica nuestro carácter, y nuestro carácter comienza con nuestros pensamientos.

Lo que apaga al Espíritu es que tengamos una actitud errada, como amargura, ira, falta de perdón, odio, falta de respeto, ansias de venganza, falta de aprecio… y la lista continúa. El Espíritu Santo fluye a través de una actitud que agrada a Dios, no lo contrario.

Examina con frecuencia tu corazón, y guárdalo con toda diligencia (ver Proverbios 4:23). De él mana tu vida.

*Si somos suficientemente inteligentes como para
no tragar veneno, deberíamos también ser
suficientemente inteligentes como para no permitir
que Satanás envenene nuestra mente, nuestra actitud
y, en última instancia, nuestra vida.*

PALABRA DE DIOS PARA TI

Por lo cual te aconsejo que avives [reenciendas los rescoldos, avives la llama, mantengas ardiendo] el fuego del don [de la gracia] de Dios [el fuego interior] que está en ti por la imposición de mis manos [con los ancianos, en tu ordenación]. Porque no nos ha dado Dios espíritu de cobardía [de timidez, de timorato, de replegarse], sino [nos ha dado un Espíritu] de poder, de amor y [una mente calmada, disciplina y] de dominio propio.

2 TIMOTEO 1:6-7

SIGUE HACIA ADELANTE

*E*n nuestra vida espiritual o estamos avanzando agresivamente con un propósito, o resbalamos y caemos. No existe un cristianismo latente. No podemos mantener en suspenso nuestro andar cristiano o nuestro poder espiritual. Es vital que avancemos continuamente. Por eso Pablo instruye a Timoteo que avive el fuego y reencienda los rescoldos que una vez ardieron en él.

Evidentemente, Timoteo había dado un paso atrás, quizás por temor. Cuando nos dejamos llevar por el temor, comenzamos a inmovilizarnos en lugar de avanzar. El temor nos deja congelados en el mismo lugar, por así decirlo; nos impide avanzar.

Sin duda, es fácil comprender por qué Timoteo puede haber perdido su valentía y su confianza. Era un tiempo de extrema persecución, y su mentor, Pablo, estaba en la cárcel. ¿Y si lo mismo le sucedía a él?

Pero Pablo lo alienta enfáticamente a despertar, a volver al camino, a recordar el llamado que estaba sobre su vida, a resistir el temor y recordar que Dios le había dado un espíritu de poder, amor y dominio propio. Todo esto le había llegado cuando recibió la plenitud del Espíritu Santo.

Si deseamos permanecer vivos en el Espíritu Santo, debemos elegir nuestros pensamientos y nuestras palabras con mucho cuidado.

PALABRA DE DIOS PARA TI

*Digo, pues: Andad [habitualmente] en el
[responded a, sed controlados y guiados por el]
Espíritu [Santo], y no satisfagáis los deseos de
la carne [naturaleza humana sin Dios].*

GÁLATAS 5:16

SÉ SIEMPRE GUIADA POR EL ESPÍRITU

*P*ablo no dijo que los deseos o las concupiscencias de la carne iban a morir o ya no iban a existir para los hijos de Dios. Dijo que siempre debemos elegir ser guiados por el Espíritu Santo y, al tomar esa decisión, no satisfaremos los deseos de la carne que continuamente nos tientan.

Hay muchas cosas que pueden guiarnos: otras personas, el diablo y sus demonios, la carne –nuestro propio cuerpo, mente, voluntad o emociones– o el Espíritu Santo. Hay muchas voces en el mundo que nos hablan; con frecuencia, varias al mismo tiempo.

Es imperativo que aprendamos a ser guiadas por el Espíritu Santo. Solo Él conoce la voluntad de Dios y fue enviado a habitar en cada uno de nosotros para ayudarnos a ser todo lo que Dios nos ha creado para que seamos, y para que tengamos todo lo que Dios quiere que tengamos. Ser guiados por el Espíritu Santo significa que Él nos guía con paz y sabiduría, así como con la Palabra de Dios. Él habla en una voz pequeña y calma en nuestro corazón, lo que solemos llamar "el testimonio interior". Quienes quieren andar en poder espiritual deben aprender a seguir el testimonio interior y responder a él rápidamente.

¡El Espíritu Santo vive en cada uno de nosotras para ayudarnos! Debemos entregar diariamente toda nuestra vida y decir con todas nuestras fuerzas: "¡Espíritu Santo, te doy libertad para moverte con poder en mi vida!"

Joyce Meyer

— ❧ —

Joyce Meyer ha enseñado la Palabra de Dios desde 1976, y está dedicada por completo al ministerio desde 1980.

Su programa radial "Vida en la Palabra" se escucha en todos los Estados Unidos; su emisión televisiva es vista alrededor del mundo.

Viaja extensamente; predica sus mensajes que cambian vidas a través de las conferencias "Vida en la Palabra", y también en iglesias locales.

Para contactar a la autora, escriba a:

Joyce Meyer Ministries
P. O. Box 655 • Fenton, Missouri 63026, EE.UU.
O llame al: (636) 349-0303

La dirección de Internet es: www.joycemeyer.org

En Canadá, escriba a: Joyce Meyer Ministries Canada, Inc.
Lambeth Box 1300 • Londres, ON N6P 1T5
O llame al: (636) 349-0303

En Australia, escriba a: Joyce Meyer Ministries-Australia
Locked Bag 77 • Mansfield Delivery Center
Queensland 4122
O llame al: (07) 3349-1200

En Inglaterra, escriba a: Joyce Meyer Ministries
P. O. Box 1549 • Windsor • SL4 1GT
O llame al: 01753-831102